Carnet de labo

1re Tle

SPÉCIALITÉ

Physique Chimie

Collection ***Hélium***

Sous la direction de

Karine MÉDINA-MORETTO
Lycée Václav Havel, Bègles (33)

Kévin CAIVEAU
La prépa des INP
Site de Bordeaux, Pessac (33)

Camille DI MARTINO
Lycée Alfred Kastler, Talence (33)

Frédéric GENEST
Lycée Anatole de Monzie, Bazas (33)

Philippe GERMAIN
Lycée Václav Havel, Bègles (33)

L'équipe du carnet de labo cycle terminal et les éditions Hatier
remercient chaleureusement :
– Cyril Carbonel, David Dauriac, Olivier Duthil, Karine Fourthon et Nicolas Giordano pour leur soutien ;
– Ghislain Garcia pour son travail sur les ressources numériques.

Hatier

Sommaire

Partie 1 Pour bien commencer le cycle terminal

Partie 2 Les méthodes

- Spécialité de Première
- Spécialité de Terminale
- Spécialité SI

Complément
Utiliser le carnet pour préparer le Bac
hatier-clic.fr/cpc003

Partie 3 Les incontournables du cycle terminal

Partie 4 Vers les épreuves du Bac

© HATIER, Paris, 2020 – ISBN : 978-2-401-06318-1

Partie 1 POUR BIEN COMMENCER

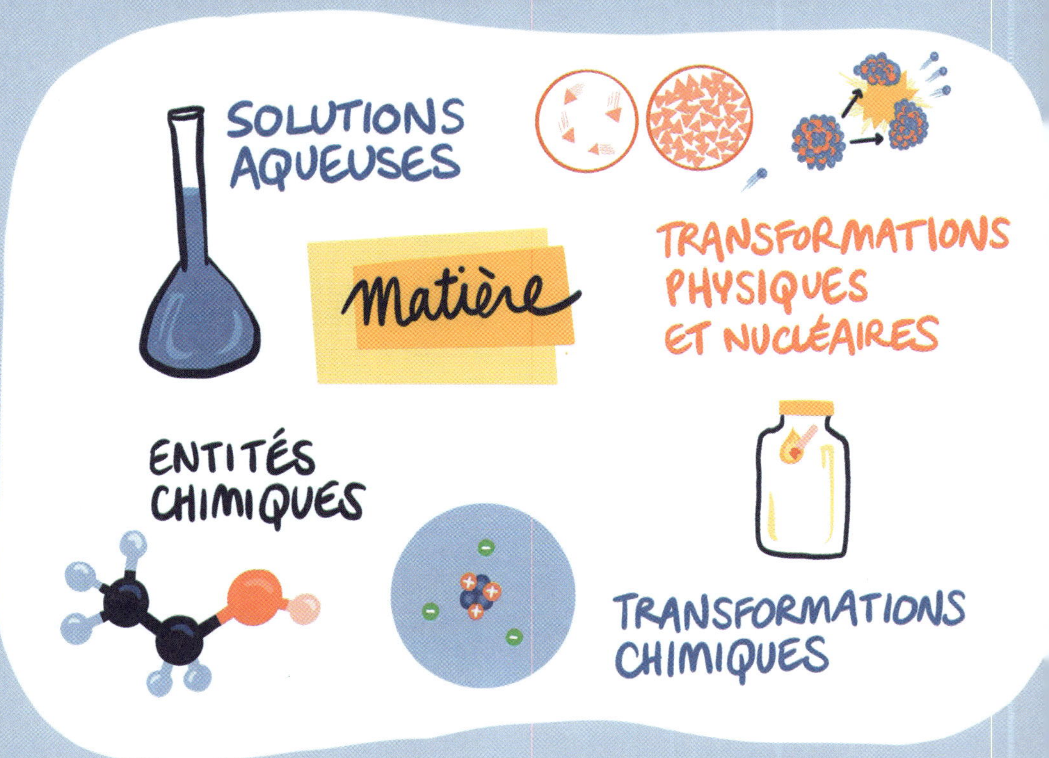

LE CYCLE TERMINAL

Quiz
Pour bien commencer le cycle terminal
hatier-clic.fr/cpc005

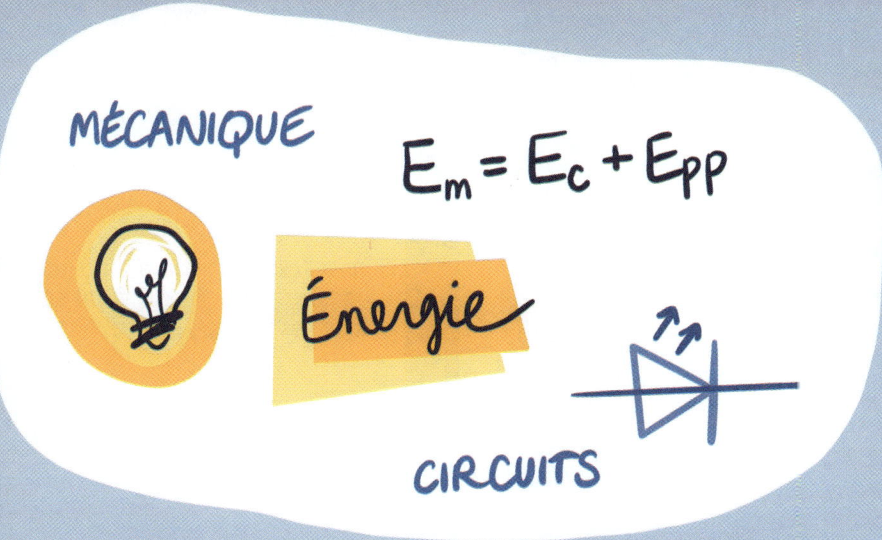

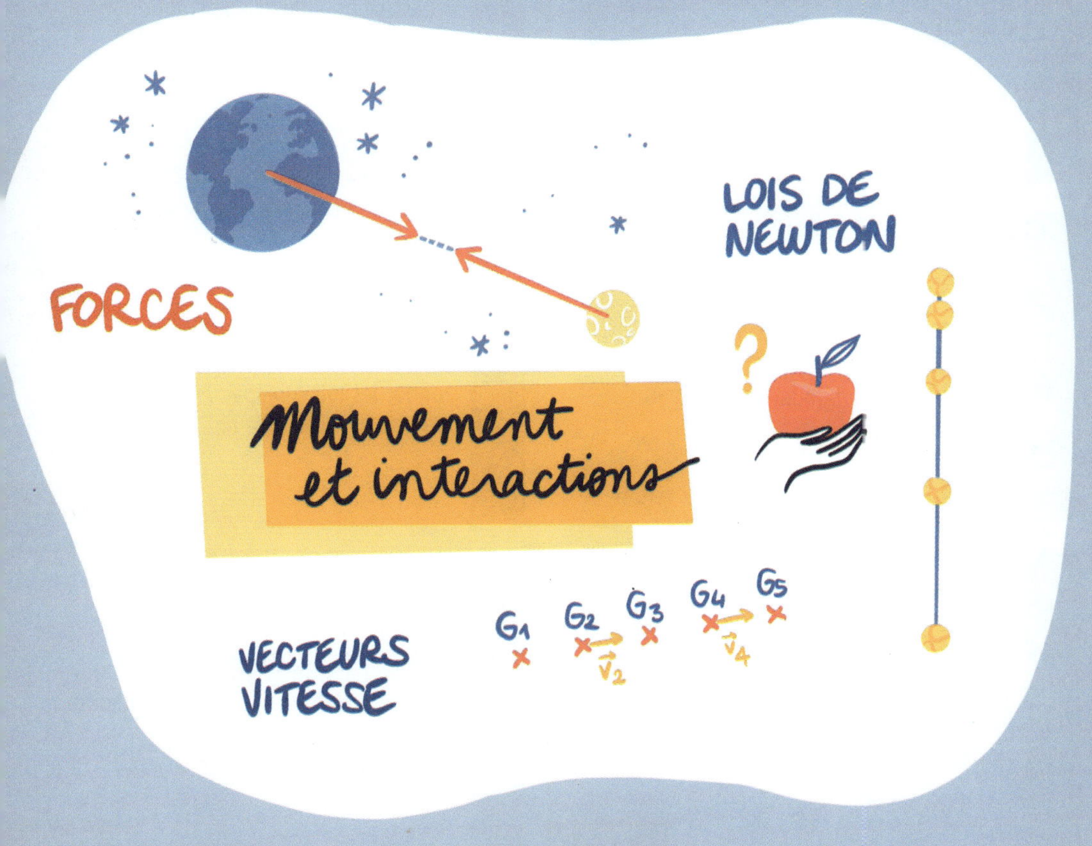

Flash cards

Flashcards
Version imprimable et interactive
hatier-clic.fr/cpc006

Matière

- Donner l'écriture conventionnelle du noyau d'un atome.
- Indiquer la composition du noyau.
- Préciser comment différencier des isotopes.

→ Fiche 1

Matière

- Qu'est-ce qu'une solution ?
- Donner l'expression de la concentration en masse C_m de soluté dans une solution. Préciser les unités.

→ Fiche 3

Matière

- Que sont les électrons de valence d'un atome ?
- Comment retrouve-t-on la position d'un élément dans le tableau périodique ?

→ Fiche 1

Matière

- Qu'est-ce que diluer une solution mère ?
- Quelle grandeur se conserve lors d'une dilution ?

→ Fiche 3

Matière

- Comment une liaison covalente se forme-t-elle ?
- Qu'est-ce qu'un doublet non liant ?

→ Fiche 1

Matière

- Comment différencie-t-on les transformations de la matière ?
- Donner les lois à respecter pour ajuster une équation de réaction.

→ Fiche 4

Matière

- Qu'est-ce qu'une mole ?
- Donner la relation entre la quantité de matière *n* et le nombre *N* d'entités chimiques dans un échantillon.

→ Fiche 2

Matière

- Qu'est-ce qu'un réactif limitant ?
- Comment identifie-t-on le réactif limitant d'une réaction d'équation :

$$a\,\mathrm{A} + b\,\mathrm{B} \rightarrow c\,\mathrm{C} + d\,\mathrm{D}\ ?$$

→ Fiche 4

Je réponds à chaque question.

Je vérifie aussitôt ma réponse dans la fiche indiquée.

Tant que je n'ai pas 100 % de bonnes réponses, je recommence.

Mouvement et interactions

- Lister les caractéristiques du vecteur vitesse d'un point M.
- Que dire du vecteur vitesse pour un mouvement :
  – rectiligne uniforme ?
  – rectiligne non uniforme ?

→ Fiche 5

Mouvement et interactions

- Comment modélise-t-on une action entre deux systèmes ?
- Donner l'expression de la valeur des forces d'interaction gravitationnelle s'exerçant entre deux systèmes.

→ Fiche 6

Mouvement et interactions

- Énoncer le principe d'inertie et sa contraposée.
- Énoncer le principe des actions réciproques.

→ Fiche 7

Énergie

- Donner la relation entre l'énergie électrique E et la puissance P.
- Donner les expressions de l'énergie cinétique E_c et de l'énergie mécanique E_m.

→ Fiche 8

Énergie

- Énoncer la loi des nœuds et la loi des mailles.
- Quelle est l'allure de la caractéristique tension-courant d'une résistance ? Par quelle loi la modélise-t-on ?

→ Fiche 9

Signaux

- Définir la période T et la fréquence f d'un signal périodique.
- Donner la relation entre ces deux grandeurs.

→ Fiche 10

Signaux

- Définir la distance focale d'une lentille mince convergente.
- Lister les trois rayons permettant de tracer l'image d'un objet par une lentille mince convergente.

→ Fiche 11

Signaux

- Qu'est-ce que la dispersion de la lumière ?
- Nommer la grandeur qui caractérise un rayonnement monochromatique.

→ Fiche 12

1 Entités chimiques

On appelle **entité chimique** un **atome**, un **ion** ou une **molécule**.

Atome : noyau et cortège électronique

ATOME
électriquement neutre

Noyau

- Z protons
- $N = (A - Z)$ neutrons
- Écriture conventionnelle

Nombre de masse (ou nombre de nucléons)

$${}^{A}_{Z}\mathrm{X}$$

Numéro atomique

Symbole de l'atome

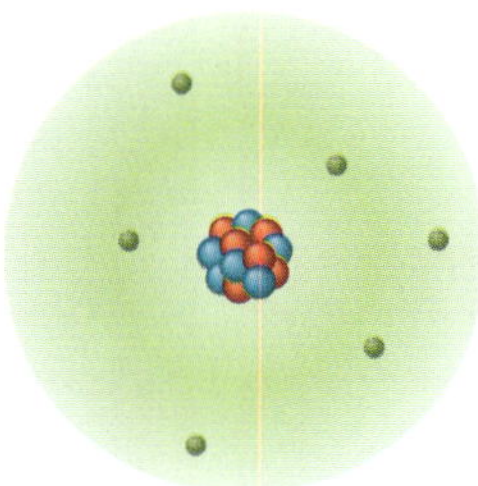

Cortège électronique

- Z électrons
- Répartition dans des couches (1, 2 ou 3) et sous-couches (s ou p) pour $Z \leqslant 18$ donnée par la configuration électronique
- Électrons de valence sur la dernière couche

La configuration électronique d'un atome permet de connaître la position de l'élément correspondant dans le tableau périodique :
➲ Tableau périodique
– numéro de la dernière **couche** occupée → numéro de la période (ligne) ;
– nombre d'**électrons de valence** → unité du numéro de la colonne.

Exemple : l'atome de carbone

Noyau

Carbone 12 : ${}^{12}_{6}\mathrm{C}$ 6 protons, 6 neutrons

Carbone 14 : ${}^{14}_{6}\mathrm{C}$ 6 protons, 8 neutrons

Remarques
- **Même Z** : ces atomes appartiennent au **même élément chimique**, l'élément carbone.
- **Même Z mais A différents : ce sont des isotopes.**

Cortège électronique

Électrons de valence

Nombre d'électrons

$1s^2\ 2s^2\ 2p^2$

Numéro de la couche

Sous-couche

2 couches occupées → 2e période
4 électrons de valence → 14e colonne

Entités chimiques stables

- Une entité chimique est **stable** si sa **couche de valence est saturée** à **2 électrons** comme l'hélium (He) ou **8 électrons** comme le néon (Ne) ou l'argon (Ar).
- Les **atomes** des éléments de la famille des **gaz nobles** (18e colonne) sont **stables**.

Ion monoatomique

- Un ion monoatomique est une entité **électriquement chargée** formée du même noyau que l'atome correspondant et dont la **couche de valence** est **saturée par excès ou défaut** d'un ou plusieurs **électrons**.
- On déduit sa formule de la position de l'élément dans le tableau périodique.

Numéro de la colonne	1	2	13	15	16	17
Formule de l'ion	X^+	X^{2+}	X^{3+}	X^{3-}	X^{2-}	X^-
Exemples	H^+, Na^+, K^+	Mg^{2+}, Ca^{2+}	Al^{3+}	N^{3-}	O^{2-}	Cl^-, F^-

Cations (charge positive) — colonnes 1, 2, 13

Anions (charge négative) — colonnes 15, 16, 17

Molécule

- Une molécule est une entité stable formée d'atomes liés par des **liaisons de valence** (aussi appelées liaisons covalentes) résultant de la **mise en commun d'électrons de valence** de **deux atomes**.

Nombre d'électrons mis en commun	2	4	6
Type de liaison	Simple	Double	Triple
Symbole	—	=	≡

- Le **schéma de Lewis** d'une molécule fait apparaître l'**organisation des électrons de valence** sous forme de **doublets liants** ou **non liants** contenant chacun deux électrons.

Exemple : schéma de Lewis de la molécule d'ammoniac NH_3

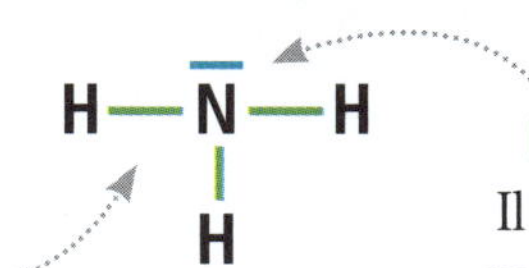

DOUBLET LIANT
Il forme la liaison de valence et appartient aux deux atomes liés.

DOUBLET NON LIANT
Il est formé par les électrons ne participant pas à la liaison et il appartient à un seul atome.

Chaque atome est entouré de 2 ou 8 électrons de valence : la molécule est stable.

2 Nombre d'entités et quantité de matière

➔ Fiche 33

Nombre d'entités

- Le nombre d'entités chimiques se calcule à partir de la masse $m_{entité}$ de l'entité.

Entité	Atome ou ion monoatomique	Molécule ou ion polyatomique
$m_{entité}$	Nombre de masse (ou nombre de nucléons) → $A \times m_n$ ← Masse d'un nucléon ($m_n = 1{,}67 \times 10^{-27}$ kg)	$\Sigma m_{atomes\ constitutifs}$

- Le nombre N d'entités chimiques dans une masse m d'un échantillon est déterminé par proportionnalité :

$$N = \frac{m}{m_{entité}}$$

même unité

Σ « sigma » est une lettre majuscule grecque.

Remarque On appelle espèce chimique un nombre très élevé d'entités chimiques identiques.

⚠ La lettre N désigne aussi parfois le nombre de neutrons.

Quantité de matière

➔ Fiche 49

- Une **mole** d'entités chimiques contient **$6{,}02 \times 10^{23}$ entités chimiques identiques**.

Remarque Le nombre d'entités par mole est appelé constante d'Avogadro, notée $N_A = 6{,}02 \times 10^{23}$ mol^{-1}.

- La **quantité de matière *n*** représente le nombre de moles dans un échantillon de matière. Elle s'exprime en moles (mol).
- La quantité de matière n d'un échantillon et le nombre N d'entités chimiques sont liés par la relation de proportionnalité :

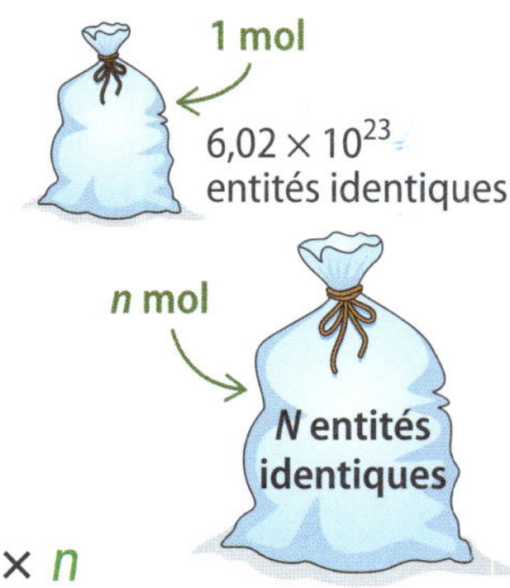

$$n = \frac{N}{6{,}02 \times 10^{23}} \quad \text{ou} \quad N = 6{,}02 \times 10^{23} \times n$$

(N : sans unité ; n : en mol)

3 Solutions aqueuses

Activité interactive
Concentration en masse
hatier-clic.fr/cpc011

Une solution aqueuse est un **mélange homogène** obtenu par dissolution d'un ou plusieurs **solutés** dans l'eau (**solvant**).

➲ Fiche 20

Concentration en masse de soluté dans une solution

➲ Fiche 50

La **concentration en masse** de soluté dans une solution est la **masse de soluté dissous par litre** de cette solution :

$$C_m = \frac{m}{V}$$

Concentration en masse (en g·L^{-1}) → C_m ; m ← Masse de soluté (en g) ; V ← Volume de solution (en L)

Ne pas confondre !
Concentration en masse et masse volumique.
La masse volumique ρ d'une solution est le rapport de la masse de la solution par le volume V correspondant de solution :

$$\rho \neq C_m$$

$$\frac{m_{solution}}{V_{solution}} \neq \frac{m_{soluté}}{V_{solution}}$$

Remarque Lorsque la solution est saturée, la concentration en masse de soluté est maximale.
Elle est appelée **solubilité du soluté** et elle est notée ***s***.

Dilution d'une solution

➲ Fiche 21

Diluer une solution mère consiste à **ajouter du solvant** pour préparer une solution fille **moins concentrée**. Lors de la dilution, la **masse de soluté dissous se conserve**.

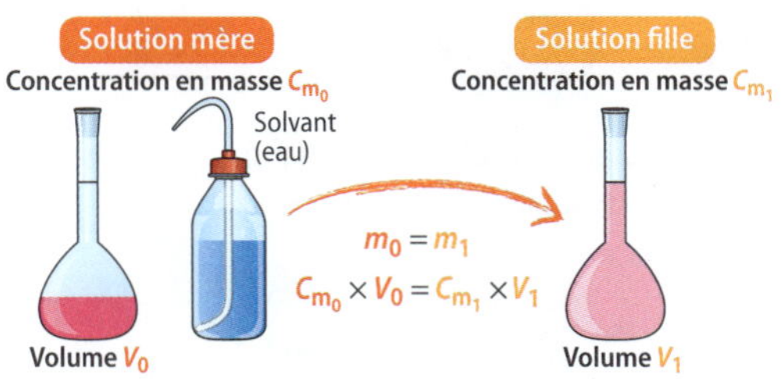

➲ Fiche 34

Remarque Facteur de dilution : $F = \frac{C_{m_0}}{C_{m_1}} = \frac{V_1}{V_0} > 1$

Diluer F fois (par exemple 10 fois) une solution mère ou réaliser une dilution au F^e (10e) signifie que le facteur de dilution vaut F ($F = 10$).

4 Transformations de la matière

Différentes transformations

Transformation de la matière

Évolution d'un état initial à un état final

non-conservation des éléments → **Transformation nucléaire**

conservation des éléments ➔ Fiche 1 → **Transformation physique** ; **Transformation chimique**

Transformation nucléaire

Les nucléons de noyaux atomiques ou de particules libres **se réarrangent pour former de nouveaux noyaux ou particules libres.** ➔ Fiche 62

Exemple : l'équation modélisant la formation du carbone 14 est : $^{14}_{7}N + ^{1}_{0}n \rightarrow ^{14}_{6}C + ^{1}_{1}H$

neutron ($^{1}_{0}n$) et proton ($^{1}_{1}H$) : particules libres

Transformation physique

Les espèces chimiques sont **identiques à l'état initial et à l'état final (les atomes ou les molécules ne sont pas modifiés)** : elles ont changé d'état ou ont été dissoutes.

Exemple : l'équation modélisant la condensation du dioxyde de carbone est : $CO_{2\,(g)} \rightarrow CO_{2\,(s)}$

Transformation chimique

Les espèces chimiques sont **différentes à l'état initial et à l'état final** : les réactifs ont été consommés et les produits se sont formés.

Exemple : l'équation modélisant la combustion du méthane est : $CH_{4\,(g)} + 2\,O_{2\,(g)} \rightarrow CO_{2\,(g)} + 2\,H_2O_{(g)}$

Ne pas confondre !

Fusion et dissolution, deux transformations physiques. La fusion est le passage de l'état solide à l'état liquide tandis que la dissolution est la mise en solution d'une espèce chimique.

Aspect énergétique

	Exemples
Transformation endothermique Absorption d'énergie	• Fusion, vaporisation, sublimation (changements d'état)
Transformation exothermique Libération d'énergie	• Fusion et fission nucléaires • Solidification, liquéfaction, condensation (changements d'état)

Remarque Une transformation chimique peut être endothermique ou exothermique.

Transformation chimique

Activités interactives
Transformation chimique
Réactif limitant
hatier-clic.fr/cpc013

– Une **réaction chimique** est la **modélisation** d'une transformation chimique limitée aux réactifs et aux produits.

Exemple

Pentanol + Dioxygène → Dioxyde de carbone + Eau

Réactifs (Pentanol + Dioxygène) ; Produits (Dioxyde de carbone + Eau)

– L'**équation de la réaction** est l'écriture symbolique de la réaction. Elle doit être **ajustée**.

$$\ldots\ C_5H_{12}O_{(g)} + \ldots\ O_{2\,(g)} \rightarrow \ldots\ CO_{2\,(g)} + \ldots\ H_2O_{(g)}$$

1. Loi de conservation des éléments chimiques

• Ajuster les éléments.

⚠ Un nombre stœchiométrique « multiplie » le nombre d'éléments et le nombre de charges d'une entité.

• Utiliser des nombres entiers.

☑ Ajustement de l'élément **carbone**

$$\ldots\ C_5H_{12}O_{(g)} + \ldots\ O_{2\,(g)} \rightarrow 5\ CO_{2\,(g)} + \ldots\ H_2O_{(g)}$$

☑ Ajustement de l'élément **hydrogène**

$$\ldots\ C_5H_{12}O_{(g)} + \ldots\ O_{2\,(g)} \rightarrow 5\ CO_{2\,(g)} + 6\ H_2O_{(g)}$$

☑ Ajustement de l'élément **oxygène**

$$\ldots\ C_5H_{12}O_{(g)} + \frac{15}{2}\ O_{2\,(g)} \rightarrow 5\ CO_{2\,(g)} + 6\ H_2O_{(g)}$$

On multiplie par 2

☑ Nombres stœchiométriques **entiers**

$$2\ C_5H_{12}O_{(g)} + 15\ O_{2\,(g)} \rightarrow 10\ CO_{2\,(g)} + 12\ H_2O_{(g)}$$

2. Loi de conservation de la charge électrique globale

$$2\ C_5H_{12}O_{(g)} + 15\ O_{2\,(g)} \rightarrow 10\ CO_{2\,(g)} + 12\ H_2O_{(g)}$$

Réactifs : Charge électrique globale nulle ; Produits : Charge électrique globale nulle

– Le **réactif limitant** d'une transformation chimique est **le premier réactif à être totalement consommé.** C'est le **réactif dont le rapport de la quantité de matière initiale sur le nombre stœchiométrique est le plus petit**.

➔ Fiche 53

Si $\frac{n_i(C_5H_{12}O)}{2} < \frac{n_i(O_2)}{15}$

alors $C_5H_{12}O$ est le réactif limitant.

Remarque Si $\frac{n_i(C_5H_{12}O)}{2} = \frac{n_i(O_2)}{15}$

alors les deux réactifs sont limitants, ils sont dans les proportions des nombres stœchiométriques. Le mélange est dit stœchiométrique.

5 Mouvement d'un système

Tuto Maths
Utiliser les vecteurs
hatier-clic.fr/cpc014

Pour décrire un mouvement, il faut choisir…

un SYSTÈME	un RÉFÉRENTIEL
C'est l'objet étudié. On le modélise souvent par un point.	C'est l'objet de référence par rapport auquel on étudie le système et auquel on associe un repère d'espace et de temps.

Remarque Les référentiels terrestre, géocentrique et héliocentrique sont adaptés respectivement pour un système en mouvement sur la Terre, autour de la Terre et autour du Soleil.

Vecteur vitesse

$$\vec{v}_i = \frac{\overrightarrow{M_iM_{i+1}}}{\Delta t}$$

- $\vec{v}_i$: Vecteur vitesse du point M à la position i
- $\overrightarrow{M_iM_{i+1}}$: Vecteur déplacement entre deux positions successives du point M
- Δt : Durée $\Delta t = t_{i+1} - t_i$ entre les deux positions

Caractéristiques du vecteur vitesse :
- direction : celle du segment $[M_iM_{i+1}]$;
- sens : celui du mouvement ;
- norme : proportionnelle à la valeur de la vitesse selon l'échelle.

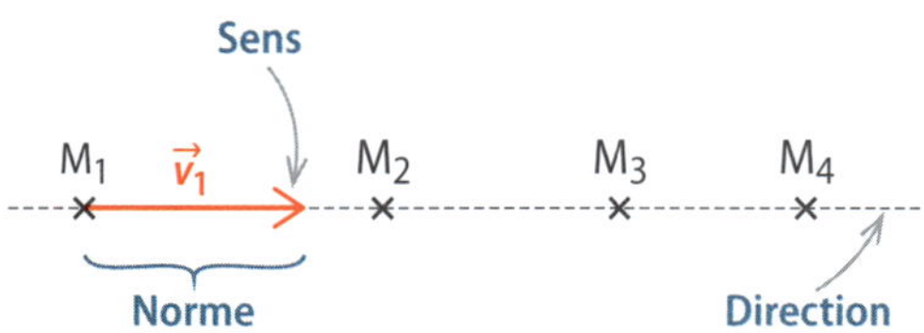

$$v_i = \frac{M_iM_{i+1}}{\Delta t}$$

- v_i : Valeur de la vitesse (en m·s^{-1})
- M_iM_{i+1} : Distance entre deux positions successives (en m)
- Δt : Durée entre ces deux positions (en s)

Vecteur vitesse et mouvement

➔ Fiche 7

Mouvement rectiligne UNIFORME	Mouvement rectiligne NON UNIFORME	
$\vec{v}$ ne varie pas	$\vec{v}$ varie	
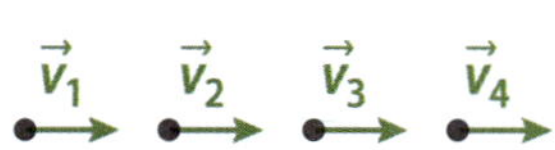		
$\vec{v}_1 = \vec{v}_2 = \vec{v}_3 = \vec{v}_4$	$\vec{v}_1 \neq \vec{v}_3$ **Accéléré si $v_3 > v_1$**	$\vec{v}_1 \neq \vec{v}_3$ **Décéléré si $v_3 < v_1$**

6 Modélisation d'une action par une force

Tuto Maths
Utiliser les vecteurs
hatier-clic.fr/cpc015a

Activité interactive
Forces
hatier-clic.fr/cpc015b

Modélisation d'une action

Action
- **réciproque et simultanée** entre deux systèmes
- **modélisée par une force**

↓

Force $\vec{F}$

représentée par un vecteur caractérisé par :
- une **direction** selon laquelle la force s'exerce
- un **sens** qui suit l'orientation de la force
- une **norme proportionnelle à la valeur F exprimée en newtons (N)**

Remarque Les forces modélisent les actions qui s'exercent sur le système étudié. On représente les forces $\vec{F}_{\text{syst.extérieur/syst.étudié}}$ en un point modélisant le système.

Exemple

Liste des actions :
- action de contact entre le ballon et la main ;
- action à distance entre le ballon et la Terre.

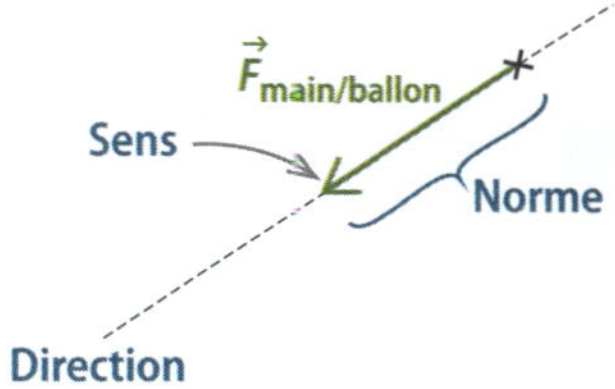

Forces d'interaction gravitationnelle

➔ Fiche 7 ➔ Fiche 64

Deux systèmes A et B de masses respectives m_A et m_B, séparés d'une distance d, agissent **simultanément et réciproquement** l'un sur l'autre. Les actions exercées sont **modélisées par des forces d'interaction gravitationnelle $\vec{F}_{A/B}$ et $\vec{F}_{B/A}$ attractives.**

	$\vec{F}_{A/B}$	$\vec{F}_{B/A}$
Direction	Droite passant par les centres des systèmes A et B	
Sens	Vers le centre du système attracteur A	Vers le centre du système attracteur B
Valeur	$F_{A/B} = F_{B/A} = G \times \dfrac{m_A \times m_B}{d^2}$ (forces en N ; masses en kg ; d en m) G : constante de gravitation universelle $G = 6{,}67 \times 10^{-11}$ N·m²·kg⁻²	

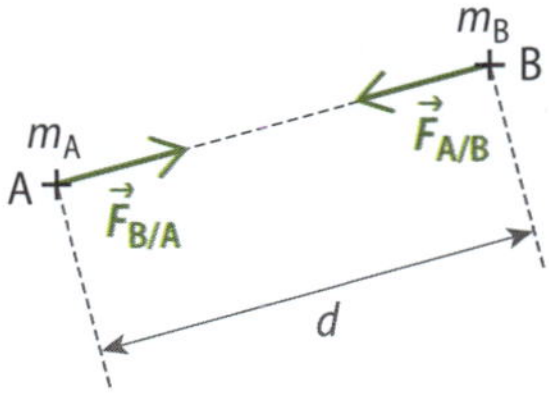

Remarque Le poids $\vec{P}$ d'un système au voisinage d'un astre est assimilé à la force d'interaction gravitationnelle exercée par l'astre sur le système : $\vec{P} = \vec{F}_{\text{astre/système}}$.

7 Lois de Newton

Activité interactive
Lois de Newton
hatier-clic.fr/cpc016

Fiches 5 et 6

Principe d'inertie (1re loi de Newton)

Système immobile ou en mouvement rectiligne uniforme	⇄	Les forces extérieures se compensent
$\vec{v}_G = \vec{0}$ ou $\vec{v}_G$ ne varie pas (même direction, même sens et même norme)		Somme vectorielle des forces extérieures nulles : $\sum \vec{F}_{ext} = \vec{0}$

Exemple : un palet de hockey sur la glace en mouvement rectiligne uniforme

Situation :

Modélisation par un point :

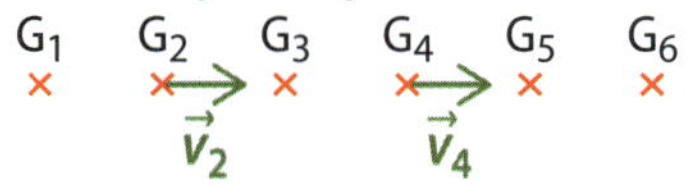

Bilan des forces :

- poids $\vec{P}$
- force $\vec{F}$ exercée par la glace sur le palet

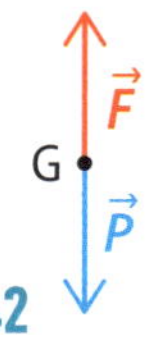

Principe d'inertie :

$\vec{P} + \vec{F} = \vec{0}$

Fiche 42

Contraposée du principe d'inertie

Les forces extérieures ne se compensent pas	⇄	Système ni immobile ni en mouvement rectiligne uniforme
Somme vectorielle des forces extérieures non nulle : $\sum \vec{F}_{ext} \neq \vec{0}$		$\vec{v}_G$ varie

Exemple : un système en chute libre (ici, sans vitesse initiale)

Bilan des forces :

- poids $\vec{P}$

$\sum \vec{F}_{ext} = \vec{P} \neq \vec{0}$

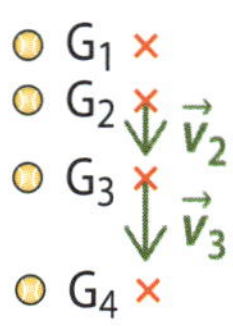

$\vec{v}_2 \neq \vec{v}_3$

$\vec{v}_G$ varie

Principe des actions réciproques (3e loi de Newton)

Si un système A exerce une force sur un système B, alors **le système B exerce simultanément** une **force réciproque sur le système A**.

Les forces $\vec{F}_{A/B}$ et $\vec{F}_{B/A}$ ont la **même direction**, la **même valeur** mais des **sens opposés** : $\vec{F}_{A/B} = -\vec{F}_{B/A}$.

Exemple : les forces d'interaction gravitationnelle Fiche 6

8 Énergies et bilan énergétique

Il existe **différentes formes** d'**énergie** : lumineuse, nucléaire, thermique, chimique, électrique et mécanique. L'énergie peut être **convertie** d'une forme en une autre.

Le **bilan énergétique** représente les conversions d'énergie :

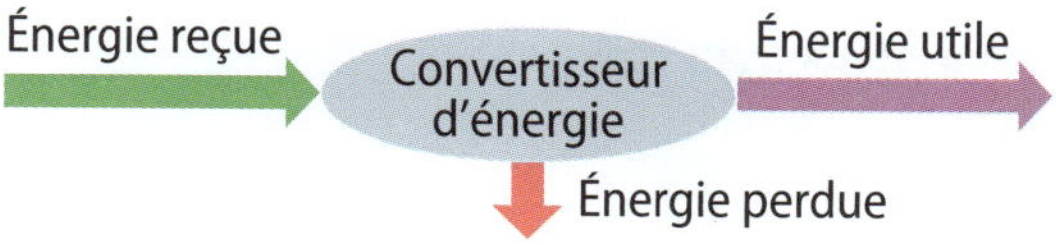

Il traduit la conservation de l'énergie : $E_{reçue} = E_{utile} + E_{perdue}$

Énergie électrique

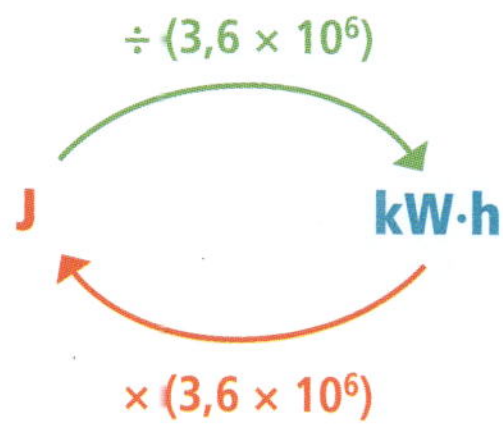

L'énergie électrique E consommée par un appareil de puissance P pendant une durée de fonctionnement Δt est :

$$E = P \times \Delta t$$

E (en J ou en kW·h) ; P (en W ou en kW) ; Δt (en s ou en h)

Remarque La puissance P (en W) d'un appareil soumis à une tension U (en V) et parcouru par un courant d'intensité I (en A) est : $P = U \times I$.

Énergies du mouvement

➔ Fiche 68

- **L'énergie cinétique E_c** d'un système de masse m en mouvement avec une **vitesse** de valeur v est :

$$E_c = \frac{1}{2} \times m \times v^2$$

E_c (en J) ; m (en kg) ; v (en m·s⁻¹)

- L'**énergie mécanique E_m** dépend de la vitesse et de la position d'un système. C'est la somme de son **énergie cinétique E_c** et de son énergie potentielle de position E_{pp} (aussi appelée **énergie potentielle de pesanteur**) :

$$E_m = E_c + E_{pp}$$

E_m (en J) ; E_c (en J) ; E_{pp} (en J)

9 Circuits et dipôles

Activité interactive
Lois des circuits
hatier-clic.fr/cpc018

Loi des nœuds

➔ Fiche 26

Loi des nœuds
Dans un circuit, la somme des intensités des courants arrivant à un nœud (point de connexion entre au moins trois dipôles) est égale à la somme des intensités des courants qui en partent.

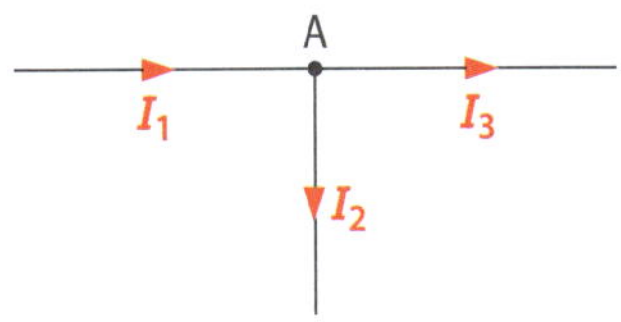

Au nœud A : $I_1 = I_2 + I_3$

Loi des mailles

Dans une maille orientée (c'est-à-dire une boucle fermée dont le sens de parcours est arbitrairement fixé), une tension U est affectée d'un signe.

Sens de parcours et flèche de la tension U	De même sens	De sens contraire
Signe affecté à la tension U	+	−

Loi des mailles
Dans une maille orientée, la somme des tensions affectées de leur signe est nulle.

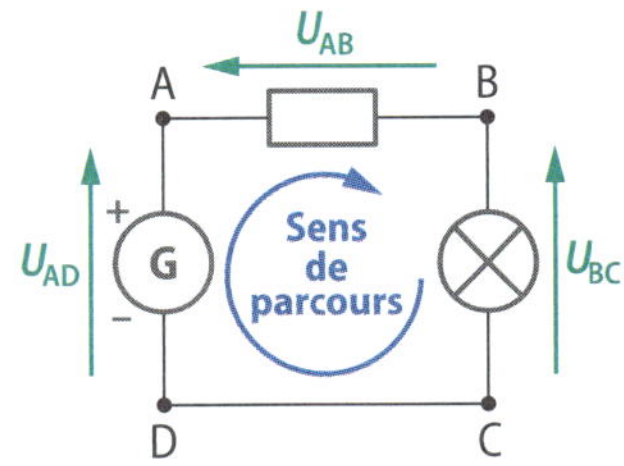

Dans la maille ABCDA :
$U_{AD} - U_{AB} - U_{BC} = 0$.

Caractéristique tension-courant

- La **caractéristique tension-courant** d'un dipôle est la représentation graphique $U = f(I)$ de la tension U à ses bornes en fonction de l'intensité I du courant qui le traverse.
- Pour un conducteur ohmique de **résistance R**, la caractéristique $U = f(I)$ est la droite passant par l'origine modélisée par la relation donnée par la **loi d'Ohm** :

$$U = R \times I$$

Tension (en V) → U ; Intensité (en A) → I ; Résistance (en Ω) → R

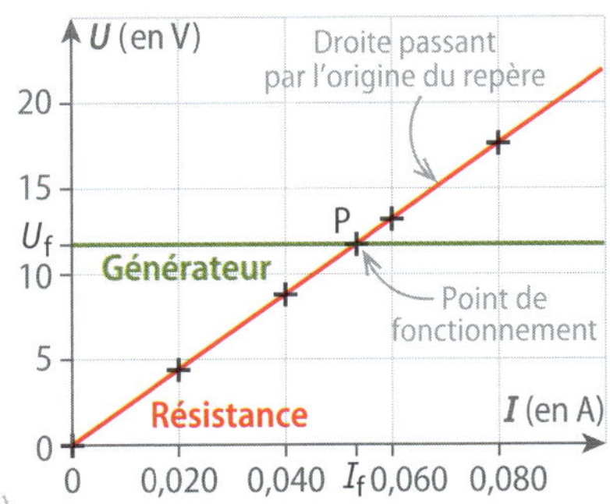

Superposition des caractéristiques tension-courant d'une résistance et d'un générateur branchés en série.

Remarque Le point de fonctionnement P d'un circuit est le point d'intersection des caractéristiques du générateur et du dipôle récepteur branché en série.

10 Signal sonore

Un signal sonore est émis quand un **émetteur sonore vibre**.

Les vibrations de la membrane d'un haut-parleur permettent d'émettre un signal sonore.

Propagation d'un signal sonore

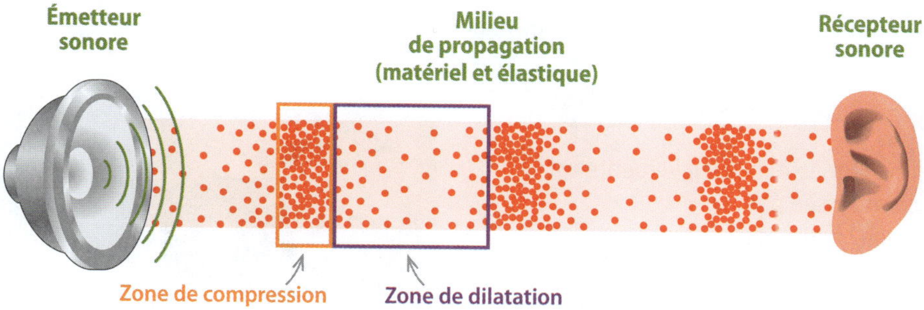

Remarque Un signal sonore ne se propage pas dans le vide car il n'y a pas de particules interagissant pour propager la vibration comme dans un milieu élastique.

- La **valeur de la vitesse de propagation** dépend de la nature du milieu de propagation et de sa température.

Milieu de propagation	Air*	Eau*
Valeur de la vitesse de propagation (en $m \cdot s^{-1}$)	340	1 500

* Pour une température de 20 °C.

Période et fréquence

➔ Fiche 70

- Un signal sonore périodique comporte un motif élémentaire qui se répète à l'identique.
- Un microphone transforme un son en signal électrique de même période.

Période (en s) : durée d'un motif élémentaire

Fréquence f (en Hz) : nombre de motifs élémentaires par seconde

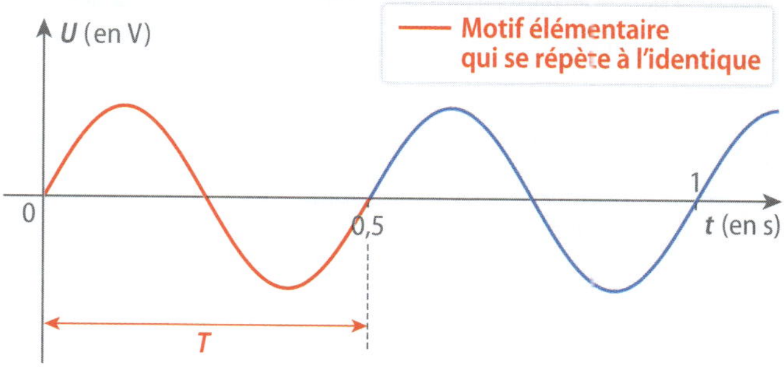

en Hz ⟶ $f = \frac{1}{T}$ ⟵ en s

Remarque Un signal sonore dont la fréquence est comprise entre 20 Hz et 20 kHz est audible par l'être humain. Plus la fréquence est élevée, plus le son est aigu.

11 Lentille mince convergente

Une lentille est un **milieu transparent** limité par **deux surfaces** dont **au moins une n'est pas plane**. Elle est :
- **mince** si l'épaisseur au centre est faible par rapport aux rayons de courbure des faces ;
- **convergente** si les bords sont plus minces que le centre.

Construction de l'image d'un objet

Une lentille mince convergente est caractérisée par :
- son centre optique O ;
- son foyer image F' ;
- son foyer objet F, symétrique du foyer image par rapport à O.

La distance OF' est la **distance focale**, notée f'.

Fiche 71

Les rayons du Soleil parallèles entre eux convergent au foyer image F'

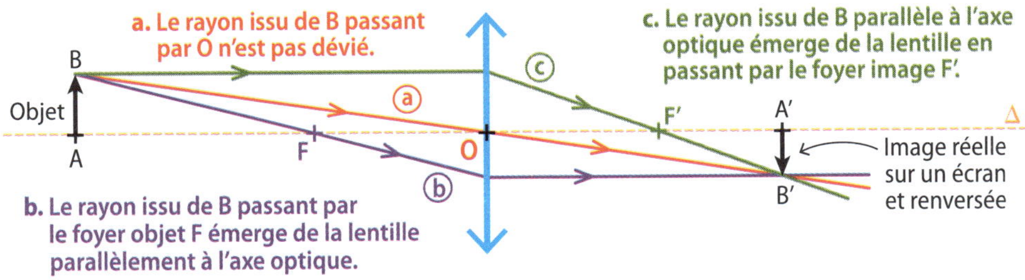

Remarque L'image d'un objet très éloigné se situe au foyer image.

Grandissement

C'est le rapport entre la taille de l'image A'B' et la taille de l'objet AB :

$$\gamma = \frac{A'B'}{AB}$$

sans unité → γ ; A'B' et AB : même unité

γ « gamma » est une lettre minuscule grecque.

Remarque Le théorème de Thalès permet d'écrire : $\gamma = \frac{A'B'}{AB} = \frac{OA'}{OA}$.

Fiche 36

12 Spectres lumineux

Dispersion de la lumière blanche

La lumière blanche peut être **dispersée par un réseau ou un prisme** : elle est séparée en ses différents rayonnements monochromatiques.

Prisme : milieu dispersif dont l'indice de réfraction dépend de la longueur d'onde λ

Différents **rayonnements monochromatiques** caractérisés par une **longueur d'onde λ** dans le vide ou dans l'air

Le spectre de la lumière blanche est **continu**, il comporte tous les rayonnements visibles par l'œil humain.

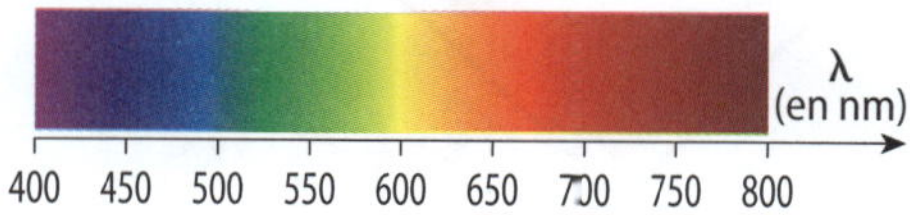

λ « lambda » est une lettre minuscule grecque.

Remarque La longueur d'onde λ s'exprime souvent en nanomètres (nm) ou en micromètres (µm).

➔ Multiples et sous-multiples

Spectre d'émission

➔ Fiche 73

Montage expérimental	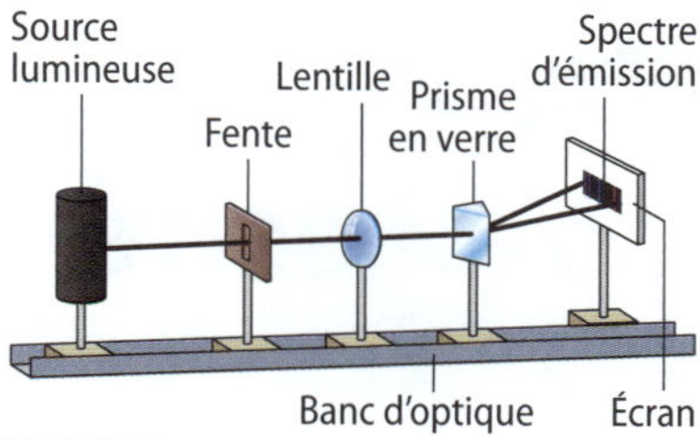	
Source lumineuse	Corps porté à haute température	Gaz excité à basse pression
Spectre	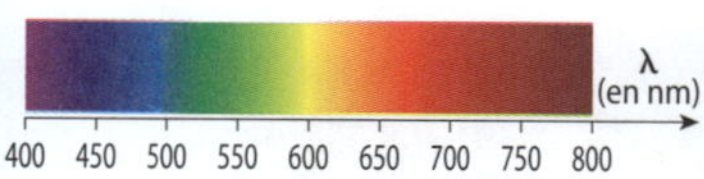 **Spectre continu**	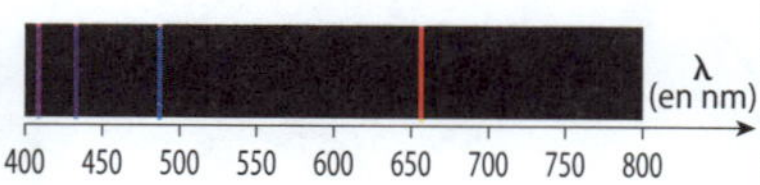 **Spectre de raies d'émission** Les raies sont caractéristiques du ou des éléments chimiques de la source lumineuse.

Partie 2

LES MÉTHODES

Quiz
Les méthodes expérimentales
Les automatismes mathématiques
hatier-clic.fr/cpc023

Pour utiliser l'outil mathématique et numérique

FONCTIONS

$pH = -\log[H_3O^+]$

ÉQUATIONS DIFFÉRENTIELLES

$E = RC\dfrac{du}{dt} + u$

VECTEURS

$\vec{a} = \dfrac{d\vec{v}}{dt}$

$\vec{v} = v_x\vec{i} + v_y\vec{j}$

```
x=np.array([0,12,21,27,30])
y=np.array([0,0,0,0,0])

N=5
dt=0.04
for k in range(0, N-1) :
    Vx=(x[K+1]- x[K])/dt
    echelle=0.03 #coefficient pour
                  la longueur des
    Vx=Vx*echelle
    plt.quiver(x[K], y[K], Vx,
    color="red",scale_unit
```

GRAPHIQUES

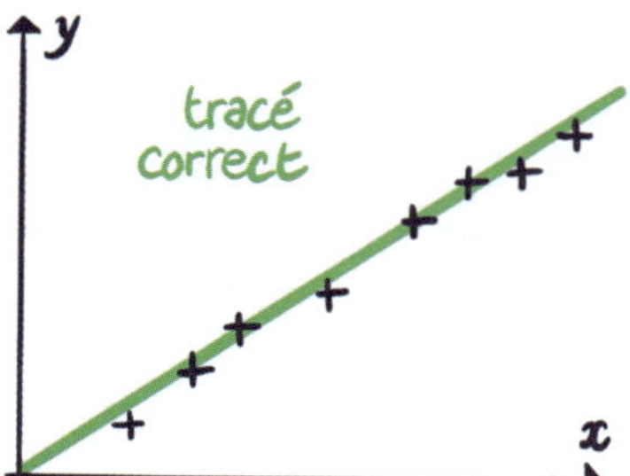

13 Connaître la verrerie et le matériel de laboratoire

Verrerie de stockage

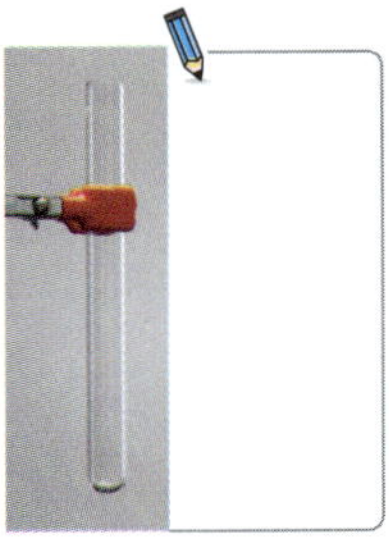

Tube à essais

Bécher

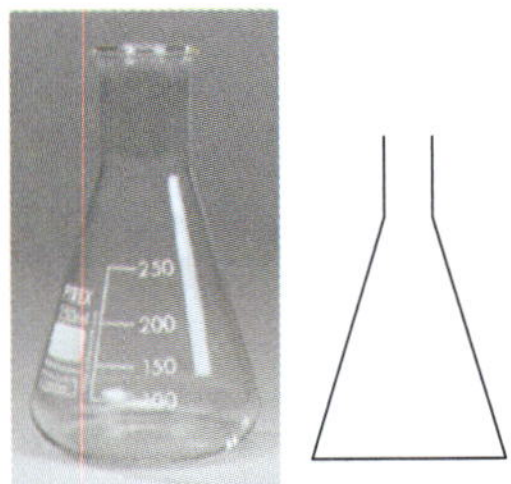

....

Verre à pied

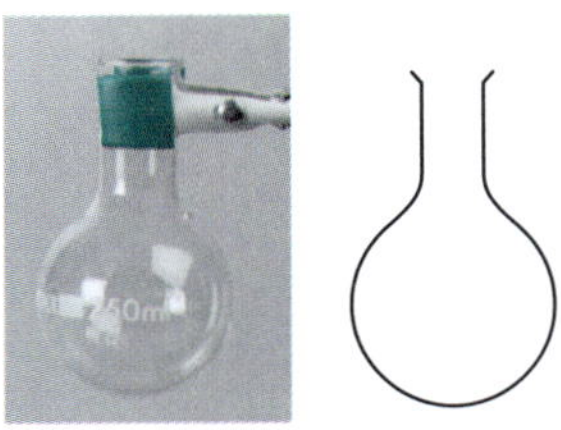

Ballon

Cristallisoir

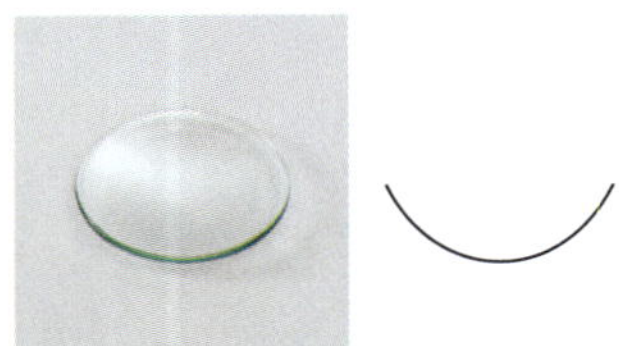

Verre de montre

Verrerie de prélèvement et de mesure

Faible précision

Haute précision

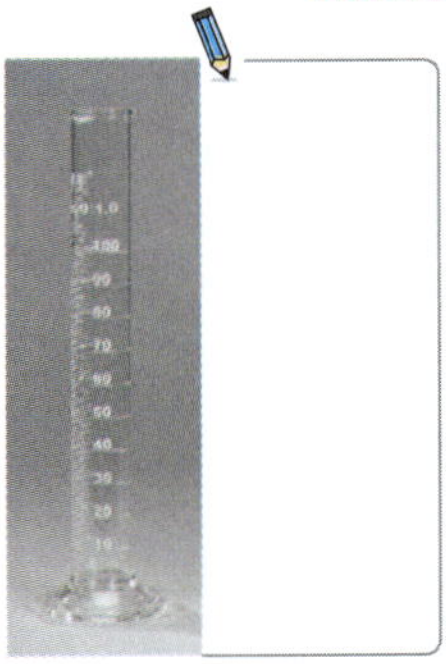

Éprouvette graduée

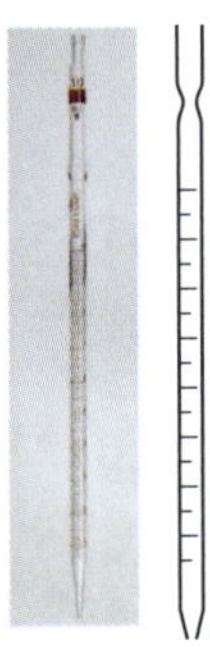

....
....

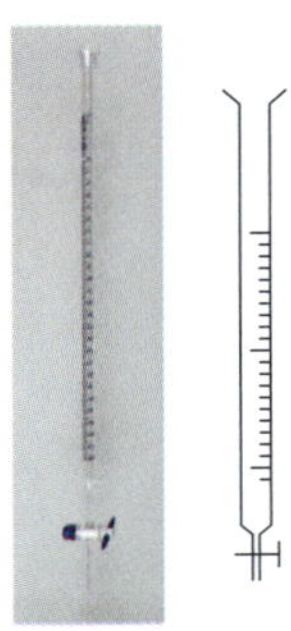

....
....

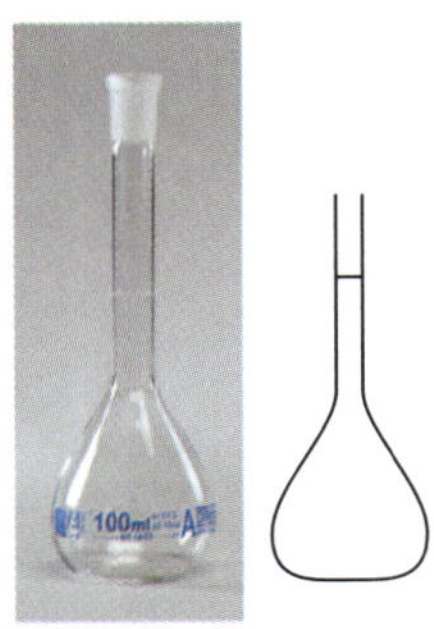

....
....

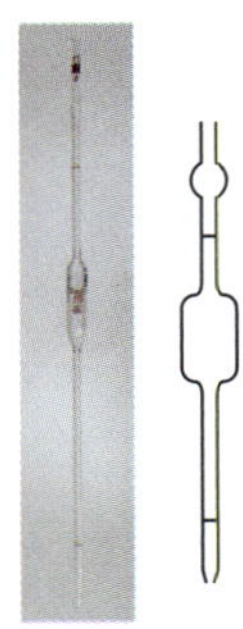

....
....

Autre matériel

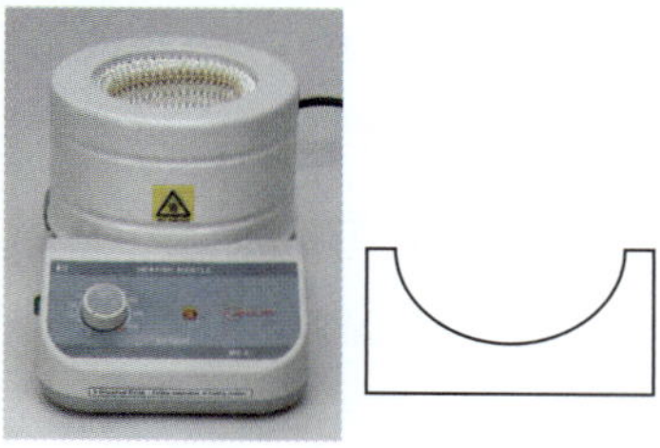

Chauffe-ballon

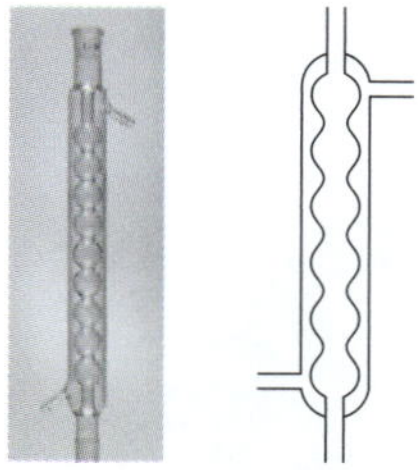

Réfrigérant à boules

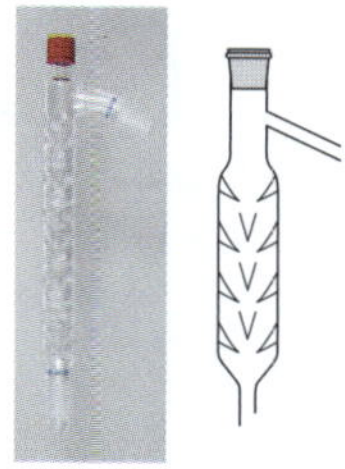

Colonne de Vigreux

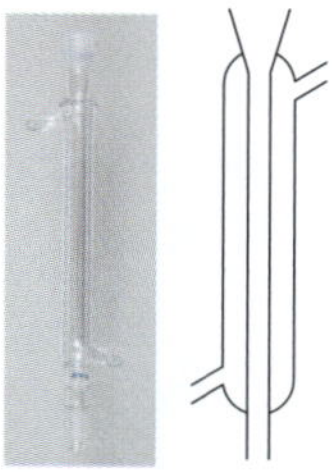

Réfrigérant droit

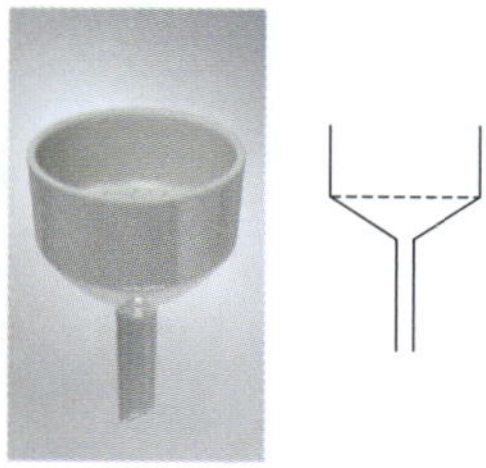

Entonnoir Büchner

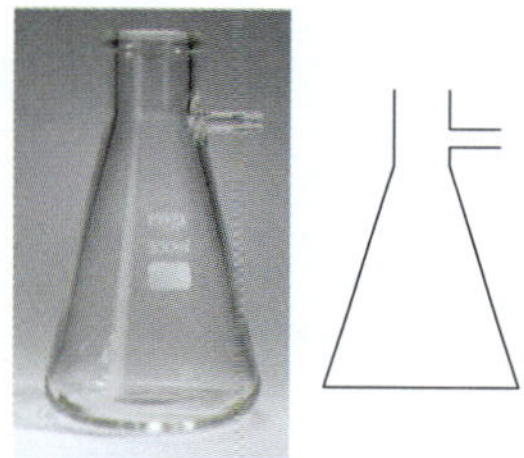

Fiole à vide

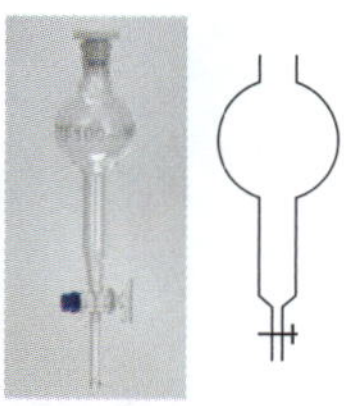

Ampoule à décanter

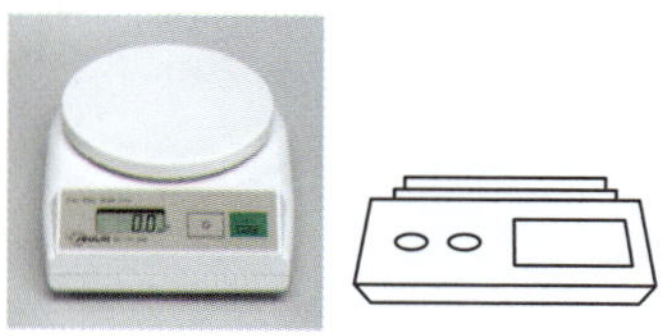

Balance

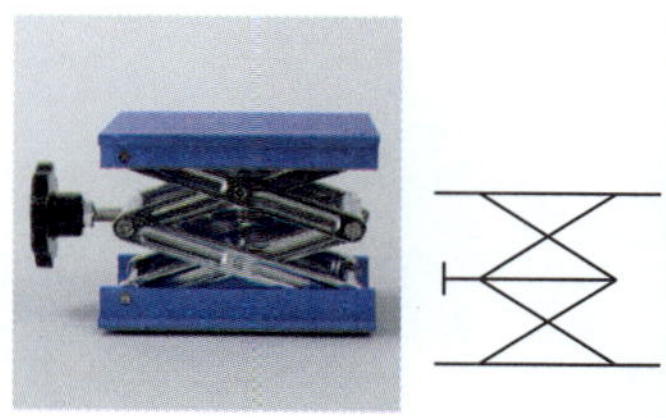

Support élévateur

À votre tour

1. Chercher l'intrus : fiole jaugée • éprouvette graduée • bécher • burette graduée

....

2. Chercher l'erreur dans la liste suivante et la corriger en expliquant.

support élévateur • chauffe-ballon • réfrigérant à boules • ballon • colonne de Vigreux

....

....

3. Associer chaque pièce de verrerie à une technique expérimentale.

Burette graduée •	• Filtration sur Büchner
Fiole à vide •	• Dilution
Ampoule à décanter •	• Titrage
Fiole jaugée •	• Extraction par solvant

14 Connaître les pictogrammes de danger

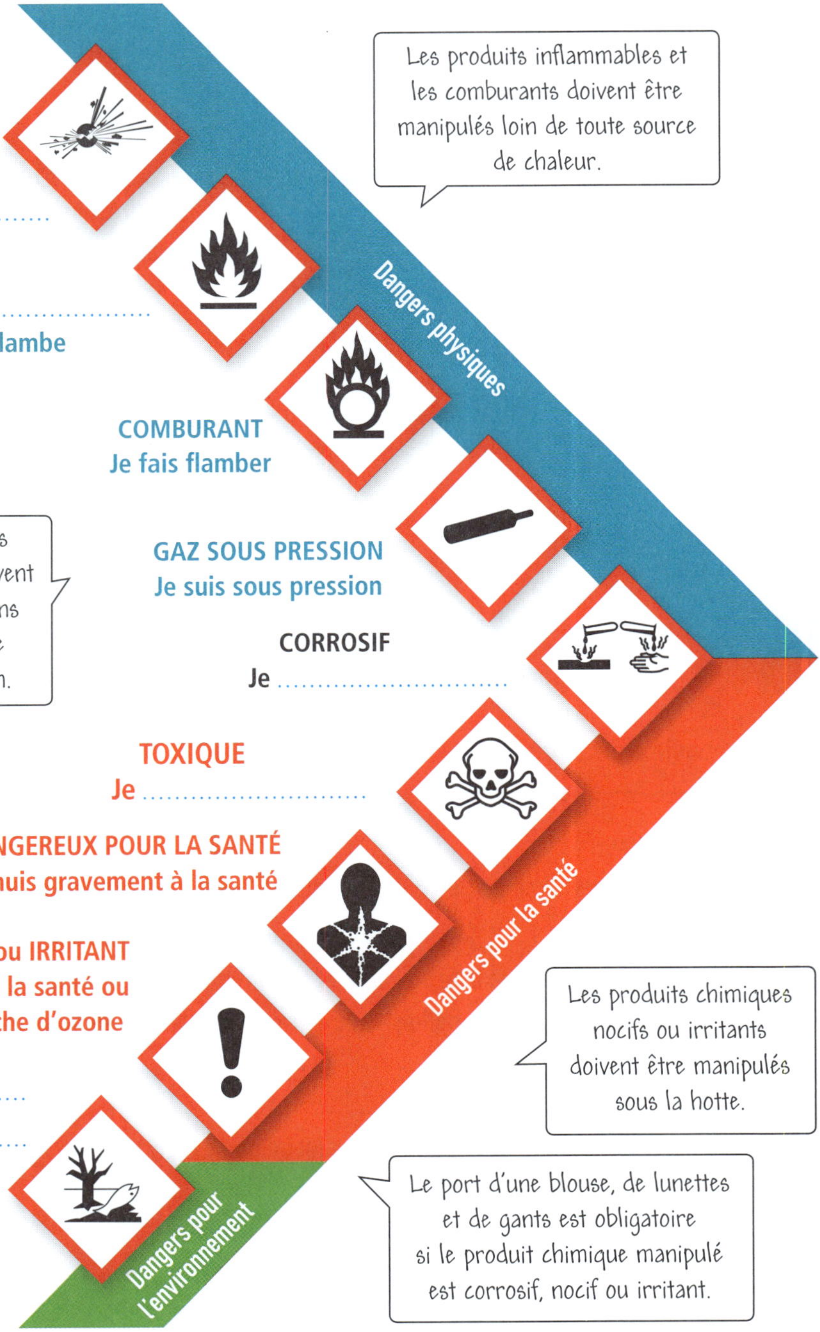

Les produits inflammables et les comburants doivent être manipulés loin de toute source de chaleur.

EXPLOSIF
J'............................

....
Je flambe

COMBURANT
Je fais flamber

GAZ SOUS PRESSION
Je suis sous pression

Les produits chimiques doivent être jetés dans des bacs de récupération.

CORROSIF
Je ....

TOXIQUE
Je ....

DANGEREUX POUR LA SANTÉ
Je nuis gravement à la santé

NOCIF ou IRRITANT
J'altère la santé ou la couche d'ozone

Les produits chimiques nocifs ou irritants doivent être manipulés sous la hotte.

....

....
Je pollue

Le port d'une blouse, de lunettes et de gants est obligatoire si le produit chimique manipulé est corrosif, nocif ou irritant.

15 Utiliser un appareil de chauffage

Les montages de chauffage à reflux **(a)** et de distillation fractionnée **(b)** utilisent un chauffe-ballon.

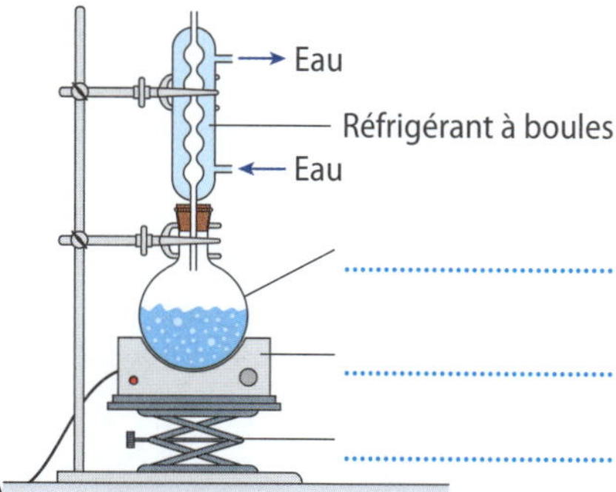

(a)

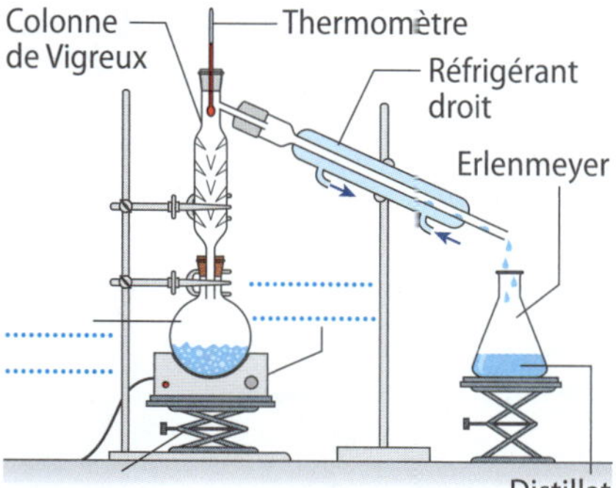

(b) ....

Remarque Un bain-marie est parfois utilisé pour chauffer à reflux. Son niveau doit être légèrement inférieur à celui du mélange dans le ballon.

Les étapes suivantes s'appliquent quel que soit le montage réalisé.

1. Introduire dans un ballon posé sur un valet (support de forme cylindrique), sans dépasser les trois quarts de sa capacité, le mélange à chauffer **(a)** ou à distiller **(b)**. Ajouter quelques grains de pierre ponce.
2. Placer le .... dans un chauffe-ballon de capacité adaptée et posé sur un .... en position haute. Le fixer à l'aide d'une pince.
3. Terminer le montage en maintenant les différentes pièces de verrerie fixées par des pinces. Activer la circulation d'eau dans le .... (arrivée d'eau par le bas et sortie par le haut).
4. Mettre le .... en marche afin d'assurer une ébullition douce. Vérifier, lors du chauffage, que la circulation d'eau est régulière et suffisante.
5. Lorsque la manipulation est terminée, arrêter le chauffage en éteignant le .... et en l'abaissant grâce au ....
Attendre quelques minutes avant de couper la circulation d'eau. Ôter le ballon du montage lorsque celui-ci est froid.

La pierre ponce permet une agitation douce et la formation de bulles de gaz pour réguler l'ébullition.

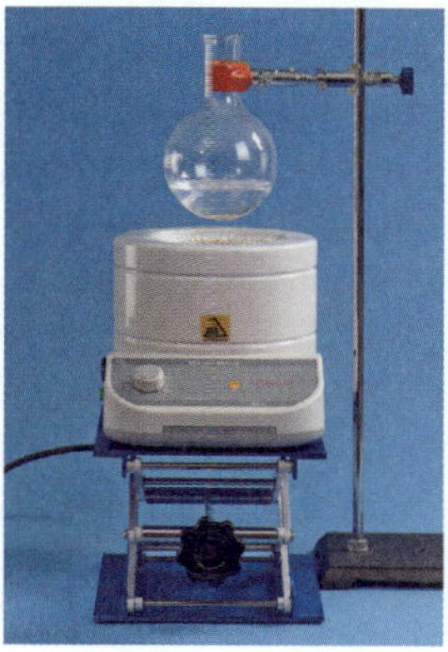

Le support élévateur permet d'abaisser le chauffe-ballon pour arrêter rapidement le chauffage si nécessaire.

Vidéo
hatier-clic.fr/cpc028

16 Utiliser une ampoule à décanter

Une ampoule à décanter sert à **séparer un mélange de deux liquides non miscibles**, notamment lors d'une **extraction par solvant**.

> Choisir le solvant extracteur le moins dangereux pour l'être humain et le plus respectueux pour l'environnement.

1. Introduction du mélange contenant l'espèce à extraire et du solvant extracteur

- Positionner l'ampoule sur son support et fermer le robinet.
- Placer un erlenmeyer sous l'................ .
- Introduire le mélange contenant l'espèce à extraire puis le solvant extracteur. **(schéma a)**

2. Extraction par solvant

- Boucher l'.............. et l'incliner : tenir le bouchon vers le bas dans une main et la partie effilée dans l'autre, le robinet étant entre deux doigts. **(schéma b)**
- Agiter énergiquement **(schéma c)**, puis diriger l'extrémité effilée vers un mur et dégazer en ouvrant le ....
- Recommencer jusqu'à ce qu'il n'y ait plus de dégagements gazeux.

3. Séparation par décantation

- Replacer l'ampoule, robinet fermé, sur son support et la déboucher.
- Laisser décanter jusqu'à observer deux .... **(schéma d)**
- Ouvrir le .... pour recueillir la phase inférieure dans un erlenmeyer, puis la phase supérieure dans un autre. **(schéma e)**

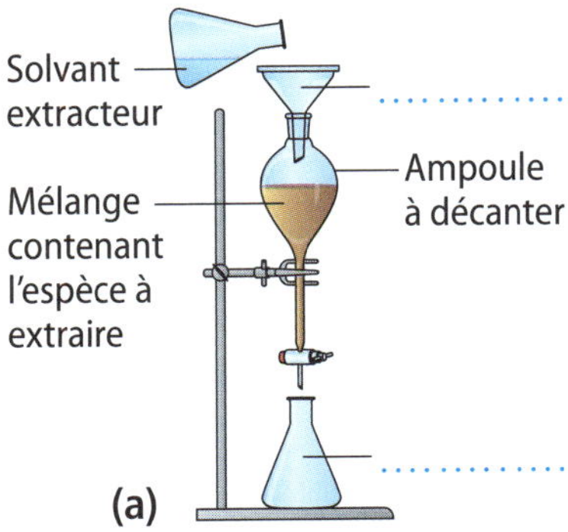

(a)

(b)

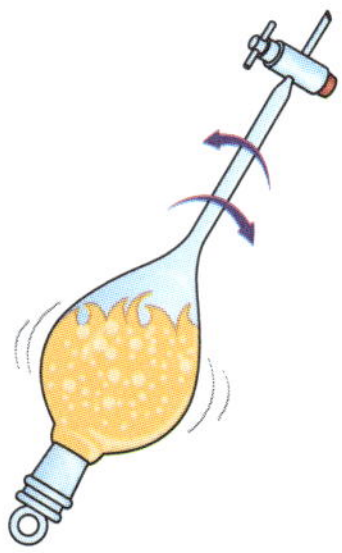
(c)

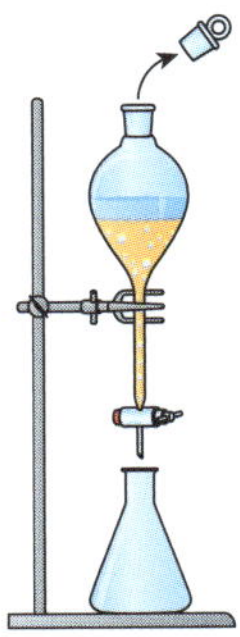
(d)

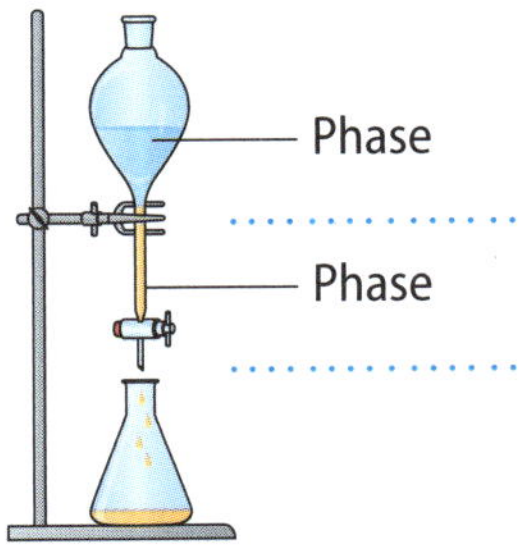

(e)

17 Réaliser une filtration

La **filtration** est une **technique de séparation** des espèces chimiques d'un **mélange solide-liquide**. On sépare le **solide** récupéré dans le papier-filtre du **filtrat**.

On parle de filtration par gravité car le liquide s'écoule sous la seule action de son poids.

Filtration simple

1. Placer l'.................... sur un support et un .... vide en dessous.
2. Placer un .... de taille adaptée dans l'entonnoir.
3. Verser peu à peu le mélange à filtrer sur le ....

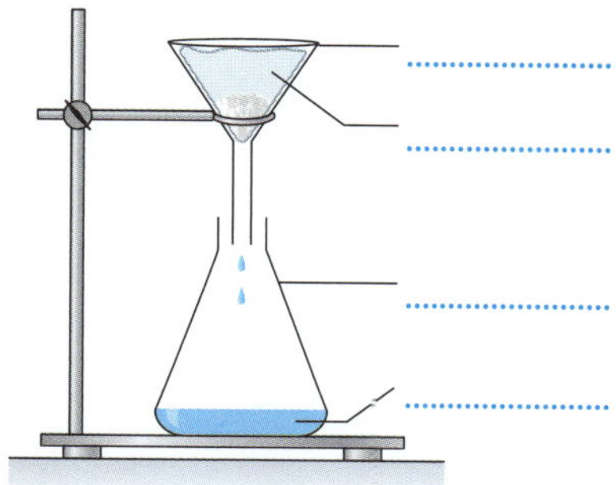

Filtration sur Büchner

Une **filtration sur Büchner**, aussi appelée **filtration sous pression réduite**, est **plus rapide** et permet une **meilleure séparation** qu'une filtration simple.

1. Fixer la fiole à vide à un support. La relier à une trompe à eau branchée à un robinet d'eau.
2. Positionner un entonnoir Büchner muni d'un joint sur la .... Placer un .... de taille adaptée dans l'........................ .
3. Ouvrir le robinet.
4. Humidifier le .... avec le solvant du mélange à filtrer.
5. Verser peu à peu le mélange à filtrer.
6. Quand la filtration est terminée :
   – désolidariser le tuyau de la .... ;
   – fermer le robinet.

⚠ Respecter consciencieusement l'ordre de ces étapes, afin d'éviter les retours d'eau dans la fiole à vide.

On parle de **filtration sous pression réduite** car la trompe à eau crée un vide partiel en réduisant la pression dans la fiole à vide.

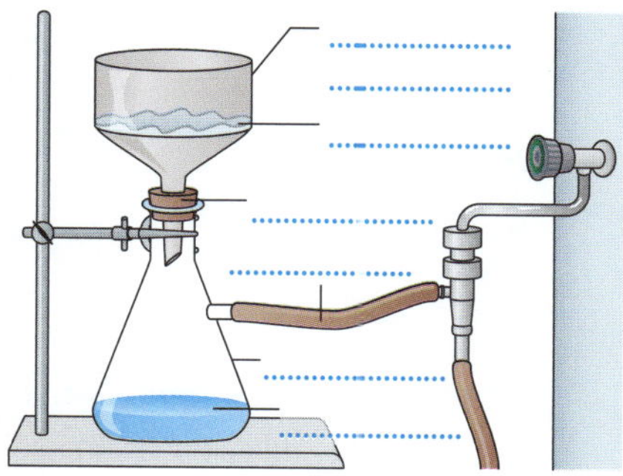

Remarque Un entonnoir Büchner a un fond plat perforé.

⚠ La fiole à vide ne doit pas être remplie au-delà des 2/3.

18 Réaliser une chromatographie sur couche mince

Vidéo hatier-clic.fr/cpc030

Une CCM (chromatographie sur couche mince) permet **d'identifier des espèces chimiques** présentes dans un mélange homogène.

1. Introduire l'éluant dans la cuve à chromatographie.
Fermer la ....
pour la saturer en vapeurs d'éluant. **(schéma a)**

> Si l'éluant est un produit chimique nocif ou irritant, la cuve doit être placée sous hotte.

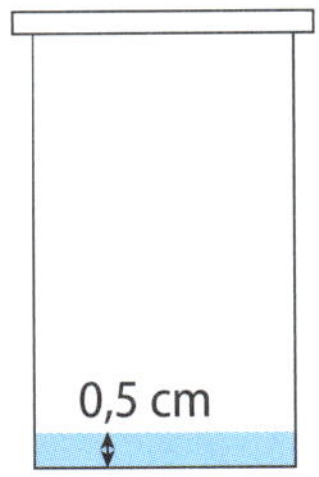

(a)

2. Tracer, au crayon à papier, sur la plaque à chromatographie, la .... à 1,5 cm du bord inférieur.
Placer, en espaçant chacune d'au moins 1 cm, une marque par dépôt à effectuer. **(schéma b)**

(b)

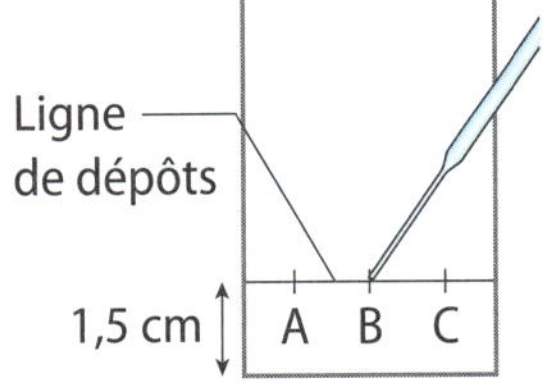

⚠ Changer de tube capillaire pour chaque dépôt.

3. Réaliser des dépôts précis à l'aide d'un tube capillaire.

4. Introduire la ....
dans la cuve et refermer. **(schéma c)**

> La ligne de dépôt doit être au-dessus du niveau de l'éluant. Durant la migration, la cuve doit rester fermée et ne pas être déplacée.

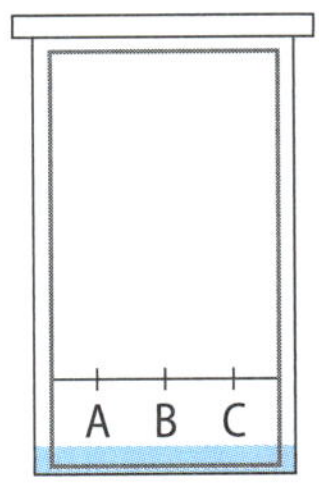

(c)

5. Retirer la plaque et tracer le ....
Sécher la plaque et entourer les taches. **(schéma d)**

> Si les espèces chimiques sont incolores, le chromatogramme doit être révélé en le plaçant sous une lampe UV.

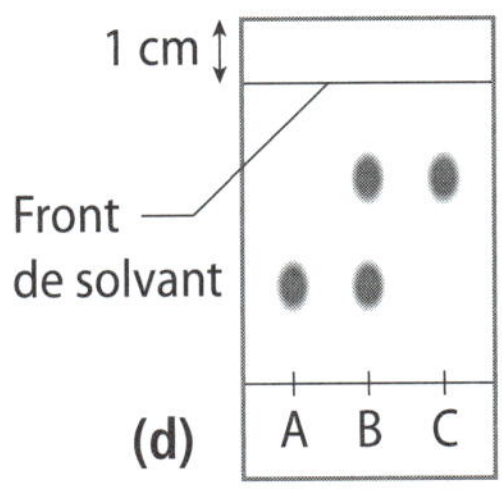

(d)

19 Utiliser un banc Kofler

Vidéo
hatier-clic.fr/cpc031

Un **banc Kofler** permet de **mesurer la température de fusion** θ_f d'un produit solide. Il comporte une plaque métallique chauffée électriquement : la température augmente progressivement d'une extrémité à l'autre.

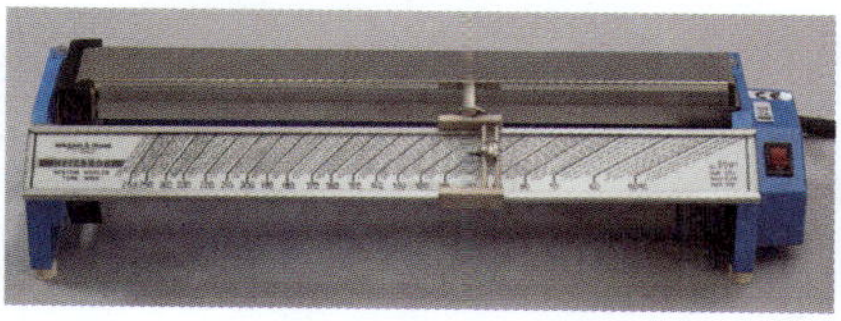

1. Préparation du banc

- Allumer .... 45 min avant de l'utiliser pour que sa température se stabilise.

2. Étalonnage du banc

- Choisir un corps pur étalon dont la température de .... est proche de celle du produit étudié.
- Déposer quelques cristaux à 10 °C en dessous de la température de fusion.
- Déplacer lentement les cristaux en biais jusqu'à observer leur fusion et les premières gouttes de ....
- Repérer la zone de fusion en abaissant le curseur et placer l'index sur la température de fusion de l'étalon.
- Nettoyer la .... en frottant vers l'extrémité froide.

3. Mesure de la température de fusion

- Procéder comme pour l'étalonnage avec quelques cristaux du produit étudié.
- Relever la .... indiquée par l'................ .

⚠ Manipuler le banc sans porter de gants, loin de tout produit inflammable et à l'abri de courants d'air.

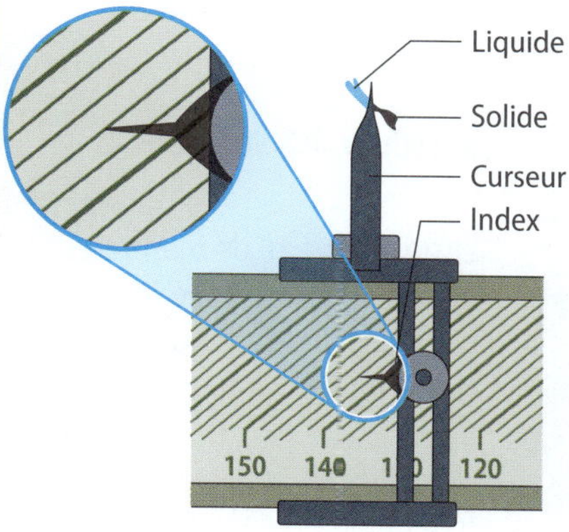

⚠ Ne plus toucher à l'index après l'étalonnage.

Remarque En général, la gamme de mesures d'un banc Kofler est $50\ °C < \theta_f < 260\ °C$.

À votre tour

1. Relever, sur le schéma ci-dessus, la température de fusion du solide.

....

2. La précision d'un banc Kofler étant de 1 °C, en déduire un encadrement de la température de fusion du solide.

....

20 Préparer une solution par dissolution

Fiche méthode
Mesurer une masse
hatier-clic.fr/cpc032

Astuce
on diSsout un
O
L
I
D
E

On veut préparer un **volume *V*** de solution aqueuse par dissolution d'une **masse *m*** de soluté solide. ➔ Fiche 3

1. Placer un verre de montre sur le plateau d'une balance. Après avoir ...., peser le soluté : mettre ce dernier dans le verre de montre jusqu'à obtenir la **masse *m*** souhaitée. **(schéma a)**

(a)

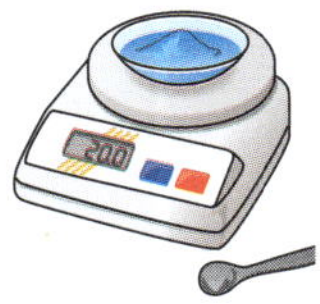

2. Introduire le solide dans la .... de **volume *V***. Rincer ensuite le verre de montre et l'entonnoir avec de l'eau distillée et récupérer l'eau de rinçage dans la fiole jaugée. **(schéma b)**

(b)

3. Remplir la fiole jaugée aux trois quarts avec de l'eau distillée. **(schéma c)**

Agiter la fiole jaugée bouchée pour dissoudre totalement le soluté. **(schéma d)**

(c)

(d)

4. Ajouter de l'eau distillée à la pissette puis à la pipette simple jusqu'à ce que le bas du .... soit au niveau du .... **(schéma e)**

(e)

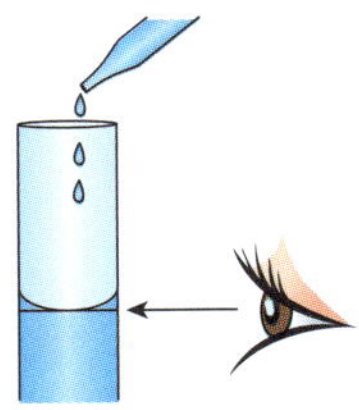

Mettre les yeux au niveau du trait de jauge et vérifier que le bas du ménisque est bien à ce niveau.

5. Agiter plusieurs fois la fiole jaugée bouchée pour homogénéiser la solution.

21 Préparer une solution par dilution

Fiche méthode
Mesurer un volume
hatier-clic.fr/cpc033

Astuce
on diLue un
I
Q
U
I
D
E

On veut préparer un **volume V_1** de solution fille par dilution d'une solution mère de **volume V_0**. ➔ Fiche 3

1. Dans un .... , verser suffisamment de solution mère pour pouvoir en prélever le volume V_0.

En inclinant légèrement le bécher, prélever le volume V_0 avec une .... tenue verticalement. **(schéma a)**

Ajuster le niveau de solution mère jusqu'à ce que le bas du .... soit au niveau du .... **(schéma b)**

2. Verser le volume prélevé V_0 dans une .... de volume V_1 jusqu'à ce que le bas du ménisque soit au niveau du trait de jauge inférieur de la pipette. **(schéma c)**

3. Remplir la fiole jaugée aux trois quarts avec de l'eau distillée. **(schéma d)**

Agiter la fiole jaugée bouchée. **(schéma e)**

4. Ajouter de l'eau distillée à la pissette **(schéma f)** puis à la pipette simple jusqu'à ce que le bas du .... soit au niveau du .... de la fiole. **(schéma g)**

5. Agiter plusieurs fois la fiole jaugée bouchée pour homogénéiser la solution. **(schéma h)**

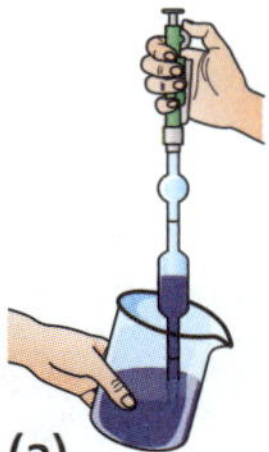
(a)

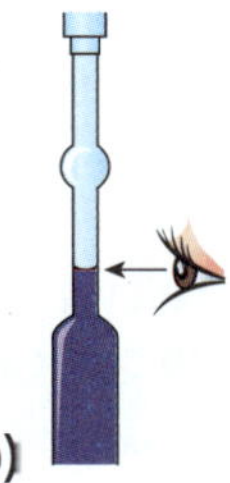
(b)

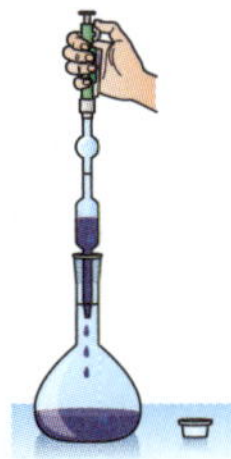
(c)

⚠ Si la pipette jaugée n'a pas de trait de jauge inférieur, la vider entièrement.

(d)

(e)

(f)

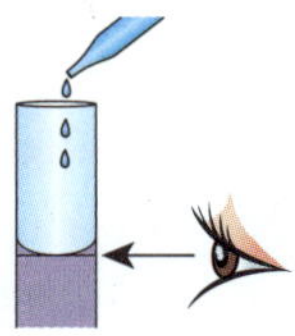
(g)

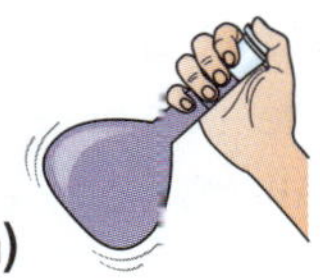
(h)

22 Réaliser un titrage

➔ Fiche 57

Un titrage fait intervenir une réaction chimique entre un réactif titré placé dans un bécher et un réactif titrant ajouté progressivement à l'aide d'une burette graduée.

1. Préparation de la burette graduée

- Placer un bécher « poubelle » sous ....
- Rincer .... à l'eau distillée puis avec un peu de solution titrante.
- Fermer le robinet et remplir avec la solution .... au-delà du zéro de la graduation. Enlever les éventuelles bulles d'air présentes en particulier au niveau du robinet.
- Ajuster .... de la graduation.

2. Mise en place du montage

- Prélever, avec une pipette jaugée, le volume de solution .... L'introduire dans un .... propre.
- Ajouter un barreau aimanté et régler l'agitation afin d'éviter les éclaboussures et les chocs.
- Selon le titrage :
  – ajouter éventuellement quelques gouttes d'indicateur coloré ;
  – mettre en place le pH-mètre ou le conductimètre.

➔ Fiche 23

Lors d'un titrage conductimétrique, si nécessaire, ajouter de l'eau distillée pour que la cellule soit immergée et stopper l'agitation lors de la mesure.

3. Réalisation du titrage

- Verser la solution .... jusqu'à atteindre le volume équivalent pour un titrage colorimétrique puis le dépasser pour un titrage pH-métrique ou conductimétrique.
- Vider puis rincer la .... à l'eau distillée.

Ouvrir et fermer rapidement le robinet pour éliminer les bulles d'air.

Lors d'un titrage colorimétrique, on peut utiliser un erlenmeyer.

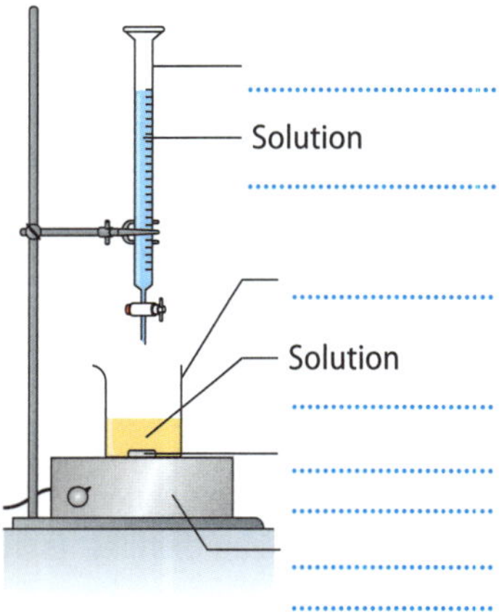

Remarque On peut réaliser successivement un titrage :
- rapide (le volume V est versé de mL en mL) ;
- précis pour $V = V_E \pm 2$ mL (V est versé goutte à goutte pour un titrage colorimétrique ou de 0,5 mL en 0,5 mL pour un titrage pH-métrique ou conductimétrique).

23 Utiliser un pH-mètre ou un conductimètre Tle

Description

➔ Fiche 22 ➔ Fiches 56 et 57

pH-mètre

Constitué d'un voltmètre et d'une sonde pH-métrique de mesure, il affiche le pH d'une solution.

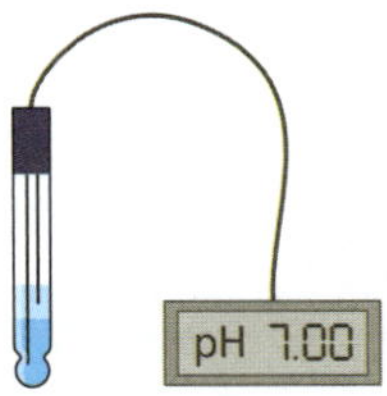

Conductimètre

Constitué d'un ohmmètre et d'une cellule conductimétrique de mesure, il affiche la conductivité σ d'une solution.

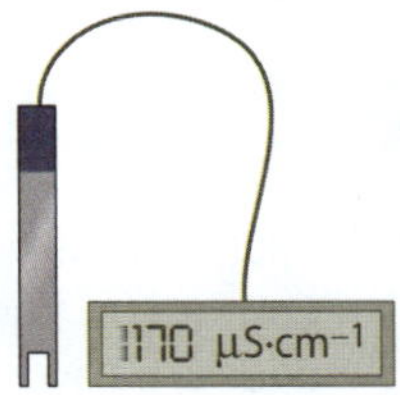

Utilisation

1. Étalonnage

- Fixer la sonde ou la cellule sur un support à l'aide d'une pince.
- Retirer le capuchon de protection.
- Rincer la .... ou la .... à l'eau distillée et l'essuyer avec du papier absorbant.
- Immerger la .... ou la .... dans une solution étalon.
- Après stabilisation de la mesure, valider la valeur étalon.
- .... à l'eau distillée puis ....

2. Réalisation d'une mesure

- .... la sonde ou la cellule dans la solution étudiée.
- Après .... de la mesure, relever la valeur mesurée.
- .... à l'eau distillée, puis ....
- Replacer le capuchon de protection.

Pour un pH-mètre, on utilise successivement deux solutions étalons :
- pH 7 et pH 4 (mesure en milieu acide) ;
- ou pH 7 et pH 10 (mesure en milieu basique).

Rincer entre chaque mesure.

Pour un conductimètre, on utilise une solution de conductivité connue pour une température donnée.

⚠ La sonde pH-métrique est fragile : elle ne doit subir aucun choc en particulier avec un barreau aimanté.

⚠ Une mesure conductimétrique se fait sans agitation.

Remarque Le capuchon de protection contient une solution de conservation afin d'assurer un stockage permettant un bon fonctionnement de la sonde.

24 Utiliser un spectrophotomètre

Constitué d'une source et d'un détecteur de lumière, le spectrophotomètre affiche **l'absorbance *A*** d'une solution placée dans une cuve sur le trajet de la lumière.

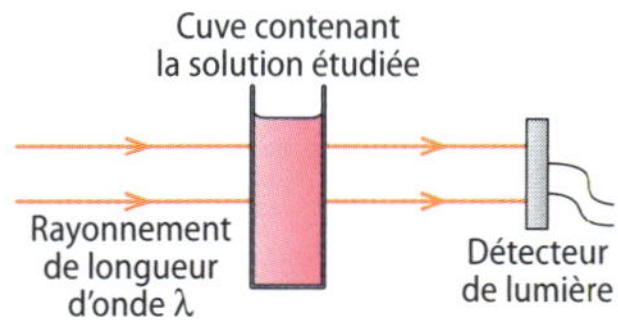

Remarque L'absorbance *A* mesure la capacité d'une solution à absorber un rayonnement.

Tracer un spectre d'absorption

1. Régler le spectrophotomètre pour tracer un spectre d'absorption. Choisir, si besoin, la plage de longueurs d'onde à balayer (pour le domaine visible de .... à ....). ➔ Fiche 12
2. Placer la cuve contenant le solvant de la solution étudiée (en général de l'eau) dans le ...., capot fermé.
   Faire le blanc (régler à zéro l'absorbance pour le solvant). Vider la .... et l'.................... .
3. Remplir la cuve avec la solution étudiée et la placer dans le spectrophotomètre.
   Tracer le .... de la solution.
   Vider et nettoyer la cuve.

C'est le graphique représentant l'évolution de A en fonction de λ.

⚠ Les faces lisses de la cuve traversées par la lumière doivent être propres. Manipuler la cuve sans toucher ces faces.

On conserve la même cuve pour faire le blanc et les mesures.

Mesurer une absorbance

➔ Fiche 56

1. Régler le spectrophotomètre pour mesurer une absorbance. Choisir la longueur d'onde de mesure λ_{max} correspondant au maximum d'absorption.
2. Faire le .... comme lors de l'étape 2 du tracé du spectre d'absorption.
3. Remplir la .... avec la solution étudiée et la placer dans le .... Mesurer l'........................ . Vider et nettoyer la cuve.

Pour λ_{max}, l'incertitude $u(A)$ est minimale. La mesure de l'absorbance est plus précise.

À votre tour

▸ Choisir la longueur d'onde pour mesurer l'absorbance d'une solution dont le spectre est donné ci-contre.

....

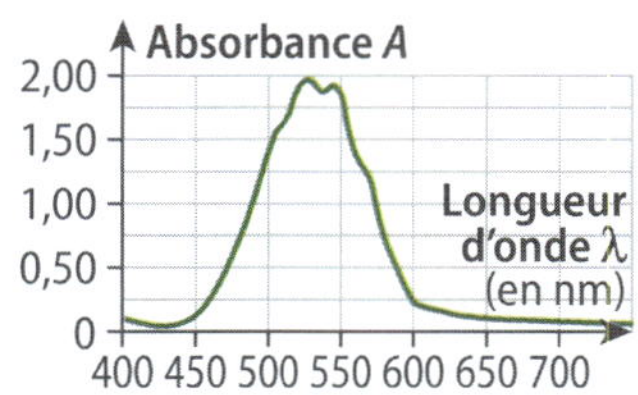

25 Réaliser un montage électrique

Symboles normalisés de quelques dipôles

Générateur de tension continue | ………………… | ………………… | ………………… | …………………

………………… | ………………… | Condensateur | ………………… | …………………

Réaliser un montage

1. Identifier sur le schéma du montage les ………………… et les rassembler en respectant leur disposition.

2. Repérer les bornes de branchement des dipôles polarisés dont le fonctionnement dépend du sens du courant.
➲ **Fiche 26**

3. Relier les dipôles de la branche principale : brancher à la ………………… + du générateur un fil rouge puis câbler successivement les dipôles et arriver à la ………………… – du générateur avec un fil noir.

⚠ Pendant le câblage, le générateur reste éteint et l'interrupteur est ouvert.

4. Câbler les dipôles et les ………………… en dérivation.

5. Après vérification, mettre le circuit sous tension.

> On peut utiliser une platine de câblage sur laquelle les contacts électriques sont repérés.

À votre tour

1. Lister les dipôles présents dans le montage schématisé ci-contre.

…………………………………………………………………………

…………………………………………………………………………

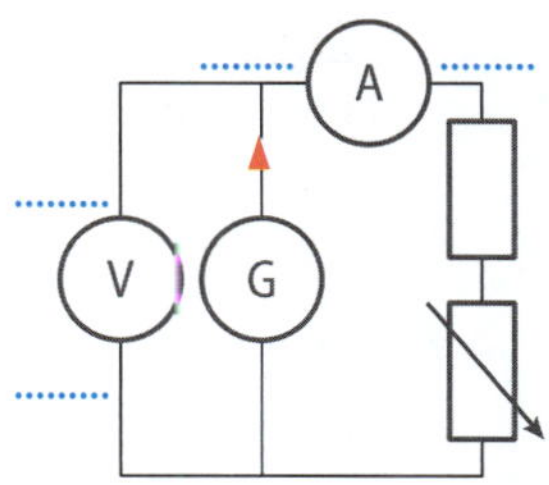

2. Compléter les bornes de branchement des dipôles polarisés.

3. Indiquer l'ordre dans lequel les dipôles doivent être câblés.

…………………………………………………………………………

…………………………………………………………………………

26 Utiliser un multimètre

1. Choisir le mode de fonctionnement (en continu)

Le mode ohmmètre

- Branchement en dehors de tout circuit
- Borne Ω et borne **COM**

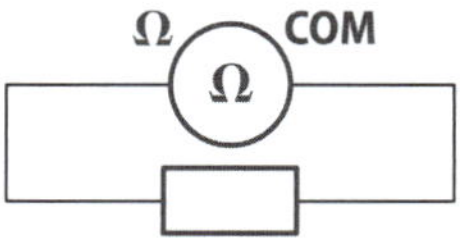

Le mode voltmètre

- Branchement en dérivation
- Borne **V** reliée à la borne d'entrée du courant et borne **COM** à celle de sortie d'un dipôle récepteur.

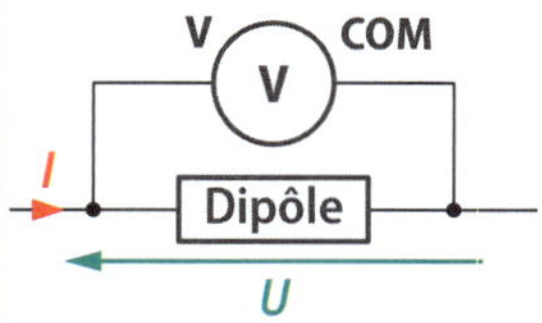

Si l'affichage de *U* ou *I* est négatif, les bornes de branchement sont inversées.

Le mode ampèremètre

- Branchement en série
- Borne **A** (calibre en A) ou **µA/mA** (calibres en mA ou µA) reliée à la borne d'entrée du courant et borne **COM** à celle de sortie

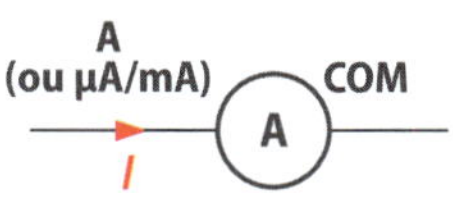

Pour un générateur, la borne V est reliée à la borne + et la borne COM est reliée à la borne –.

2. Choisir le calibre (valeur maximale mesurable)

Utiliser d'abord le plus grand calibre, puis choisir celui immédiatement supérieur à la mesure.

À votre tour

▸ Choisir le calibre le plus adapté pour chaque mesure :

10 A • 200 mA • 20 mA • 2 mA • 200 µA

0,35 A : .... 0,18 A : .... 0,01 A : .... 0,15 mA : ....

27 Utiliser un oscilloscope

Un oscilloscope permet de **visualiser un oscillogramme** représentant **l'évolution d'une tension au cours du temps**.

Réglages principaux

1. Sélectionner une voie I ou II et la mettre à la terre GND (tension nulle).
   Centrer, à l'aide des boutons *Position*, le signal sur 0 V.
   Basculer sur le couplage DC.
2. Relier, avec une fiche BNC, la voie de l'oscilloscope aux bornes du dipôle dont on veut visualiser la tension.
3. Régler, à l'aide des boutons *Échelle*, les sensibilités verticale et horizontale.

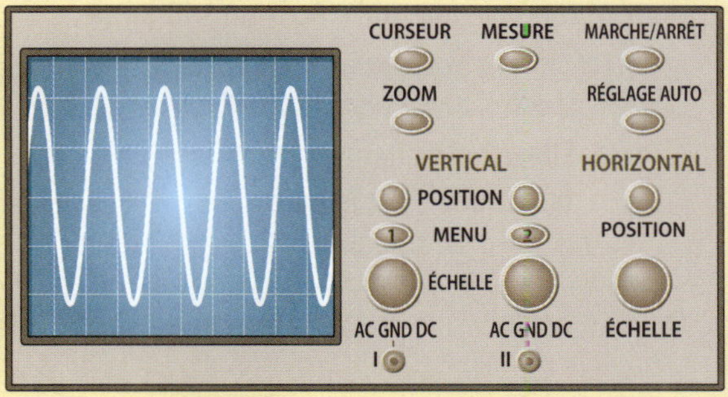

Le bouton Réglage auto permet d'ajuster automatiquement les sensibilités et celui Marche/Arrêt d'acquérir une tension.

Mesures sur un oscillogramme

1. Mesure d'une période

- Compter le **nombre de divisions** correspondant à une période *T*.
- Calculer la période *T* en **multipliant par la sensibilité horizontale**.

1 carreau = 1 division (div)

Pour plus de précision, mesurer la durée de plusieurs périodes puis en déduire la période.

2. Mesure d'une tension

- Compter le **nombre de divisions** correspondant à la tension maximale U_{max} (ou minimale U_{min}).
- Calculer U_{max} (ou U_{min}) en **multipliant par la sensibilité verticale**.

Le bouton curseur permet d'obtenir directement la période ou la tension mesurée.

→ À votre tour

1. Calculer la période et la tension maximale U_{max}.

....

2. Faut-il augmenter ou diminuer la sensibilité horizontale pour qu'une période occupe la totalité de l'écran ?

....

....

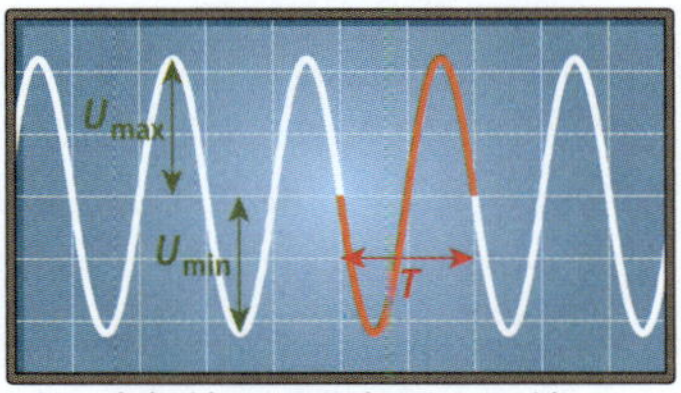

Sensibilité horizontale : 2,0 ms/div
Sensibilité verticale : 1,0 V/div

28 Évaluer une incertitude de type A ou B

Docs imprimables
Modes d'emploi calculatrices
hatier-clic.fr/cpc040

Écriture d'un résultat expérimental

La mesure de la valeur d'une grandeur physique X n'est jamais exacte.
Un résultat expérimental s'écrit sous la forme : $X = (X_{mes} \pm u(X))$ unité.

Valeur mesurée X_{mes}

Elle est directement lue ou obtenue par le biais d'un calcul.

Incertitude-type $u(X)$

Elle a la même unité que X_{mes} et s'écrit en général avec un seul chiffre significatif.

On peut estimer que la valeur exacte est dans l'**intervalle de confiance** :

$$X_{mes} - u(X) \leqslant X \leqslant X_{mes} + u(X) \text{ soit } X \in [X_{mes} - u(X) ; X_{mes} + u(X)].$$

Remarque La valeur mesurée X_{mes} et l'incertitude-type $u(X)$ sont écrits avec la même puissance de 10 et autant de décimales. $u(X)$ est arrondi au supérieur.

Incertitude de type A sur des mesures identiques et répétées

Méthode

- Calculer la **moyenne arithmétique** des n valeurs mesurées notée $\overline{x}$.
- Calculer l'**écart-type expérimental** noté σ_{n-1} (S_x ou σ_x) et l'exprimer avec au minimum trois chiffres significatifs, en gardant autant de décimales pour $\overline{x}$ et σ_{n-1}.
- Calculer l'incertitude-type :

$$u(X) = \frac{\sigma_{n-1}}{\sqrt{n}}.$$

- Exprimer la valeur mesurée $X_{mes} = \overline{x}$ et l'incertitude-type en veillant aux chiffres significatifs.
- Donner le résultat de la mesure sous la forme :

$$X = (X_{mes} \pm u(X)) \text{ unité.}$$

Exemple

Un cinémomètre laser effectue une série de 10 mesures de valeurs de vitesse.

v (m·s^{-1})	3,4	3,5	3,6	3,7	3,8	3,9
Effectif	1	1	2	3	2	1

À l'aide d'une calculatrice ou d'un tableur, on obtient :

- Moyenne arithmétique de la valeur de la vitesse : $\overline{v} = 3{,}670$ m·s^{-1}
- Écart-type : $\sigma_{n-1} = 0{,}141$
- Incertitude-type : $u(v) = \dfrac{0{,}141}{\sqrt{10}} = 0{,}05$ m·s^{-1}

Avec un chiffre significatif pour $u(v)$ et le même nombre de décimales pour v_{mes} et $u(v)$, on a :

$$v = (3{,}67 \pm 0{,}05) \text{ m·s}^{-1}.$$

À votre tour Fiche 69

L'histogramme ci-contre représente la dispersion d'une série de 12 mesures de résistances thermiques.

▶ Déterminer la valeur moyenne, l'incertitude-type et écrire le résultat de la mesure.

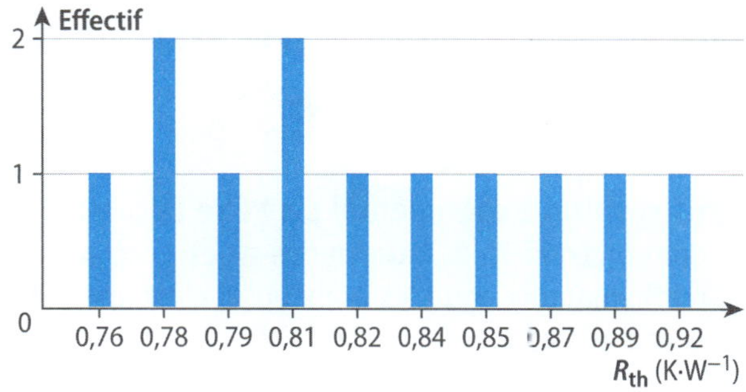

....

Incertitude de type B sur une mesure unique

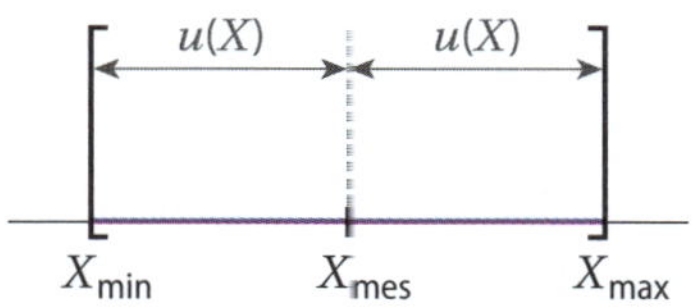

L'incertitude sur une mesure unique dépend en particulier de l'instrument de mesure.
En général, l'incertitude-type sur la valeur mesurée est $u(X) = \frac{X_{max} - X_{min}}{2}$. Dans certains cas, elle est donnée par le constructeur ou est évaluée par l'expérimentateur.

Méthode

- Instrument gradué

$$u(X) = \frac{\text{graduation}}{2}$$

Exemples

▶ L'incertitude sur une mesure $d = 0,9$ cm lue sur une règle graduée en mm porte sur les positions initiale et finale, donc elle est double :

$$u(d) = 2 \times \frac{1}{2} = 1 \text{ mm} = 0,1 \text{ cm}.$$

Le résultat de la mesure s'écrit :

$$d = (0,9 \pm 0,1) \text{ cm}.$$

- Instrument numérique (sans indication du constructeur)

$$u(X) = \frac{\text{dernier digit}}{2}$$

(digit : une unité du chiffre affiché sur l'instrument)

▶ L'incertitude sur l'absorbance $A = 0,452$ mesurée avec un spectrophotomètre porte sur le zéro et sur la valeur mesurée :

$$u(A) = 2 \times \frac{0,001}{2} = 0,001.$$

Le résultat de la mesure s'écrit :

$$A = (0,452 \pm 0,001).$$

Fiche 24

À votre tour Fiche 22

Le volume à l'équivalence lu sur une burette graduée tous les 0,1 mL est $V_E = 15,1$ mL.

▶ Déterminer l'incertitude-type et écrire le résultat de la mesure.

....

29 Évaluer une incertitude-type composée Tle

Un **résultat expérimental** peut être calculé à partir de la mesure de grandeurs dont on connaît les incertitudes-types. L'incertitude-type dépend alors de la relation mathématique entre les grandeurs : c'est une **incertitude-type composée** dont la formule vous sera fournie.

Le résultat obtenu est comparé à une valeur de référence en calculant $\frac{|X_{mes} - X_{ref}|}{u(X)}$.

Exemple :

On titre un volume $V_A = (10{,}0 \pm 0{,}1)$ mL d'acide fumarique contenu dans un médicament par une solution d'hydroxyde de sodium de concentration $C_B = (10{,}0 \pm 0{,}3) \times 10^{-2}$ mol·L^{-1}.

Le volume équivalent est $V_E = (8{,}4 \pm 0{,}1)$ mL.

La masse correspondante d'acide fumarique est $m_{exp} = 0{,}49$ g.

L'incertitude-type composée sur la masse est :

$$u(m_{exp}) = m_{exp}\sqrt{\left(\frac{u(V_A)}{V_A}\right)^2 + \left(\frac{u(V_E)}{V_E}\right)^2 + \left(\frac{u(C_B)}{C_B}\right)^2}$$

$$u(m_{exp}) = 0{,}49\sqrt{\left(\frac{0{,}1}{10{,}0}\right)^2 + \left(\frac{0{,}1}{8{,}4}\right)^2 + \left(\frac{0{,}3}{10{,}0}\right)^2}$$ d'où $u(m_{exp}) = 0{,}02$ g.

On a donc : $m = (0{,}49 \pm 0{,}02)$ g.

La masse indiquée sur la notice du médicament est $m = 0{,}50$ g.

$\frac{|m_{exp} - m|}{u(m_{exp})} = \frac{|0{,}49 - 0{,}50|}{0{,}02} = 0{,}5$: la valeur expérimentale est compatible à $0{,}5 \times u(m_{exp})$ près avec la valeur indiquée sur la notice.

Remarque La formule fournie est parfois celle de l'incertitude relative $\frac{u(m_{exp})}{m_{exp}}$

→ À votre tour

➔ Fiche 76

Lors de la charge d'un condensateur, on détermine $\tau = (44 \pm 2)$ µs.

Données $R = (456 \pm 7)\ \Omega$ • $\tau = RC$

1. Calculer la valeur expérimentale de la capacité C_{exp} du condensateur et son incertitude-type composée $u(C_{exp}) = C_{exp}\sqrt{\left(\frac{u(\tau)}{\tau}\right)^2 + \left(\frac{u(R)}{R}\right)^2}$.

....

2. Écrire le résultat et comparer à la valeur théorique $C = 100$ nF.

....

....

30 Manipuler les chiffres significatifs

Activité interactive
Chiffres significatifs
hatier-clic.fr/cpc043

Le **nombre de chiffres significatifs** d'une valeur indique sa **précision** : plus la valeur comporte de chiffres significatifs, plus sa précision est grande.

Nombre de chiffres significatifs d'une valeur

Tous les chiffres d'un nombre sont significatifs, sauf les zéros placés à gauche du premier chiffre non nul. En revanche, les zéros écrits à la fin d'un nombre sont significatifs.

Exemple : 0,105 et $1{,}05 \times 10^{-1}$ comportent 3 chiffres significatifs, alors que 0,105 0 en comporte 4.

On ne tient pas compte de la virgule ni de la puissance de 10 si le nombre est écrit en notation scientifique.

À votre tour

▶ Déterminer le nombre de chiffres significatifs des nombres suivants.

Nombre	$5{,}3 \times 10^{-3}$	0,038	206	0,7	60,80	0,90	$7{,}40 \times 10^{5}$
Nombre de chiffres significatifs							

Nombre de chiffres significatifs lors d'un calcul

Le résultat d'un calcul a le même nombre de chiffres significatifs que le nombre qui en comporte le moins. Cette règle s'applique au nombre de décimales pour une addition ou une soustraction. Au besoin, arrondir le résultat.

Lors d'un calcul à plusieurs étapes, les résultats intermédiaires ne sont pas arrondis.

Exemple :

Le résultat doit aussi avoir 2 chiffres significatifs.

Nombre qui a le moins de chiffres significatifs : 2

$$\frac{12{,}77 \times 1{,}1}{6{,}42} = 2{,}1\cancel{88006...} = 2{,}2$$

On ajoute 1 à la dernière décimale car, ici, le chiffre suivant est supérieur à 5.

À votre tour

▶ Exprimer les résultats avec le nombre correct de chiffres significatifs.

Calcul	$2{,}0 \times 10^{6} \times 6{,}95 \times 10^{-4}$	$3{,}15 + 6{,}4$	$1{,}00 \times 4{,}000$	$\frac{540}{7}$
Résultat				

31 Rédiger un compte rendu de TP

Un compte rendu de TP présente les différentes étapes de la démarche adoptée. Sa rédaction claire et précise utilise le vocabulaire scientifique approprié. Organisé en plusieurs parties, sa mise en page doit être aérée et propre.

1. **Rédiger une introduction** en reformulant, avec vos propres mots, l'objectif et la démarche adoptée.

   > Indiquer le titre du TP.

2. **Présenter la démarche expérimentale.**
   - Si le protocole est donné, décrire brièvement la manipulation sans recopier l'énoncé.
   - Si le protocole n'est pas donné :
     – inventorier la verrerie, le matériel et les solutions nécessaires à la manipulation ;
     – lister les étapes successives de la manipulation à réaliser ;
     – préciser les mesures à réaliser.

   > Préciser les éventuelles précautions de sécurité. ➲ Fiche 14

   Remarque Utiliser des verbes d'action à l'infinitif pour décrire ce qui doit être fait.

3. **Présenter les résultats expérimentaux** sous la forme la plus judicieuse : schémas légendés, tableau de valeurs, graphique (➲ Fiche 37) ou phrases concises.
   Évaluer les incertitudes sur les mesures en précisant leur origine (➲ Fiches 28 et 29).

   > Schématiser le montage expérimental. ➲ Fiche 13

   > Ne pas oublier les unités et respecter le nombre de chiffres significatifs. ➲ Fiche 30

4. **Interpréter les résultats expérimentaux** en les mettant en relation avec les connaissances ou les documents du TP, en exploitant le graphique, en calculant la grandeur recherchée, etc.

   > Structurer la rédaction : On voit que… or on sait que… on en déduit que…

5. **Rédiger une conclusion** en validant ou non un modèle, en donnant la valeur et l'incertitude de la grandeur recherchée, en la comparant à une valeur de référence.
   Commenter en portant un regard critique sur la démarche et les résultats. Proposer d'éventuelles pistes d'amélioration.

Remarque Relire le compte rendu en vérifiant la syntaxe et l'orthographe.

Mes notes

32 Manipuler les puissances de 10

Une puissance de 10 est un nombre écrit sous la forme 10^n avec n un entier relatif.
Il se lit « 10 puissance n ».

$$10^n = \underbrace{10 \times 10 \times 10 \times \ldots \times 10}_{n \text{ facteurs}} = \underbrace{1000\ldots0}_{1 \text{ suivi de } n \text{ zéros}}$$

$$10^{-n} = \frac{1}{10^n} = \frac{1}{10 \times 10 \times 10 \times \ldots \times 10} = \underbrace{0{,}000\ldots01}_{1 \text{ précédé de } n \text{ zéros}}$$

Les préfixes associés aux puissances de 10 correspondent aux multiples et sous-multiples des unités de base.

Docs imprimables
Modes d'emploi calculatrices
hatier-clic.fr/cpc046a

Remarques • $10^0 = 1$ • $10^1 = 10$ • 10^{-n} est l'inverse de 10^n

Activité interactive
Calculer avec des puissances de 10
hatier-clic.fr/cpc046b

Calculer avec des puissances de 10

Méthode	Exemples
$10^n \times 10^m = 10^{n+m}$	$10^{-11} \times 10^{24} = 10^{-11+24} = 10^{13}$
$(10^n)^m = 10^{n \times m}$	$(10^{-10})^2 = 10^{-10 \times 2} = 10^{-20}$
$\dfrac{10^n}{10^m} = 10^{n-m}$	$\dfrac{10^8}{10^{-9}} = 10^{8-(-9)} = 10^{17}$

⚠ Une somme ou une soustraction de puissances de 10 n'est pas une puissance de 10.

Remarque Si un produit ou un quotient comporte des nombres et des puissances de 10, on peut réaliser séparément le calcul sur les nombres et celui sur les puissances de 10.

À votre tour

▸ Effectuer les calculs suivants.

a. $\dfrac{10^{-34} \times 10^8}{10^{-19}} =$ ....

b. $\dfrac{10^{-11} \times 10^{-27} \times 10^{-31}}{(10^{-10})^2} =$ ....

Écrire un nombre en notation scientifique

Activité interactive
Notation scientifique et ordre de grandeur
hatier-clic.fr/cpc046c

Un nombre en notation scientifique s'écrit $a \times \mathbf{10^n}$ avec a un nombre décimal tel que $1 \leqslant a < 10$.

Il est parfois nécessaire de convertir et d'exprimer un nombre dans l'unité de base avant de l'écrire en notation scientifique.

λ « lambda » est une lettre minuscule grecque.

Méthode

- **Convertir** en utilisant la puissance de 10 correspondant au préfixe de l'unité.
- **Éventuellement, écrire** le nombre **en notation scientifique.**
- **Calculer la puissance de 10.**

Exemple

Longueur d'onde d'un laser He-Ne :

▸ $\lambda = 0{,}638\ \mu m = 0{,}638 \times 10^{-6}\ m$

▸ $\lambda = 6{,}38 \times 10^{-1} \times 10^{-6}\ m$

▸ $\lambda = 6{,}38 \times 10^{-7}\ m$

Remarque Le nombre de chiffres significatifs d'un nombre en notation scientifique reste inchangé.

À votre tour

▸ Écrire les nombres suivants en notation scientifique dans l'unité du Système international.

a. Célérité de la lumière : $c = 300\ 000\ km{\cdot}s^{-1}$

....

b. Fréquence d'une onde ultrasonore : $f = 0{,}040$ MHz

....

c. Capacité d'un condensateur : $C = 68$ nF

....

Déterminer un ordre de grandeur

L'ordre de grandeur est la puissance de 10 la plus proche d'un nombre en notation scientifique. Il est exprimé dans la même unité que le nombre si celui-ci a une unité.

Méthode

- Écrire le nombre en **notation scientifique** $a \times 10^n$.
- **Déterminer son ordre de grandeur :**
  - si $a < 5$, l'ordre de grandeur est 10^n ;
  - si $a \geqslant 5$, l'ordre de grandeur est 10^{n+1}.

Exemple

▸ $\lambda = 6{,}38 \times 10^{-7}\ m$

$a = 6{,}38 \geqslant 5$

▸ L'ordre de grandeur est :

$10^{-7+1} = 10^{-6}\ m$

À votre tour

▸ Donner l'ordre de grandeur des nombres exprimés en notation scientifique dans l'exercice précédent.

a. Célérité c : .... b. Fréquence f : .... c. Capacité C : ....

33 Utiliser la proportionnalité

Deux **grandeurs** sont **proportionnelles** si l'on peut calculer les valeurs de l'une en multipliant les valeurs de l'autre par un même nombre. Ce nombre est le **coefficient de proportionnalité**.

Calculer une grandeur proportionnelle à une autre

Méthode

On peut représenter deux valeurs de grandeurs proportionnelles dans un **tableau de proportionnalité**.

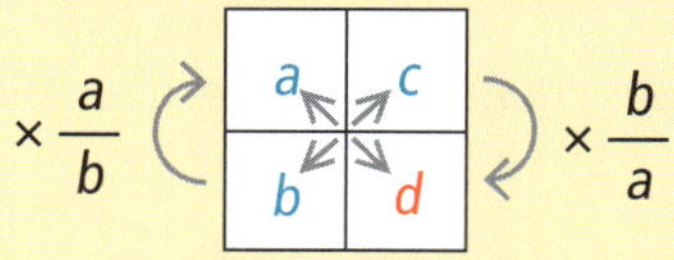

Ce tableau peut être utilisé pour calculer une quatrième proportionnelle :

$$d = \frac{b}{a} \times c$$

Exemple

La quantité de matière n d'un échantillon et le nombre N d'entités chimiques sont liés par une relation de proportionnalité :

1 mol	n mol
$6{,}02 \times 10^{23}$ molécules	N molécules

$\times\ 6{,}02 \times 10^{23}$

$$N = 6{,}02 \times 10^{23} \times n$$

Remarque L'échelle d'un schéma correspond au coefficient de proportionnalité entre les grandeurs réelles et les dimensions sur le schéma exprimées dans la même unité.

À votre tour

Fiche 2

▸ Calculer la quantité de matière dans une masse $m = 32{,}0$ g de dioxygène.

Donnée Masse d'une molécule : $m_{\text{dioxygène}} = 5{,}32 \times 10^{-23}$ g

....

Exploiter une représentation graphique

Une situation de proportionnalité peut être modélisée par une **fonction linéaire** dont la représentation graphique est une **droite passant par l'origine** d'équation $y = ax$.

Le **coefficient de proportionnalité** est égal au **coefficient directeur** a de la droite.

Exemple :

Fiche 38

Entre les armatures d'un condensateur, la tension U en un point est proportionnelle à la distance d le séparant de l'armature négative.

Le coefficient de proportionnalité est égal à la valeur E du champ électrostatique entre les armatures car $U = E \times d$.

Tuto Maths
Utiliser des pourcentages
hatier-clic.fr/cpc049

Utiliser des pourcentages

Définition

Un **pourcentage** correspond à la **part** ou à la **proportion** d'une quantité sur un **total de 100**.

Un pourcentage peut s'écrire comme une fraction dont le dénominateur est égal à 100.

Un pourcentage représente le **coefficient de proportionnalité** entre la partie et le tout.

Exemple

Le pourcentage volumique de dioxygène dans l'air est d'environ 20 % = $\frac{20}{100}$.

Sur 100 L d'air, la part de dioxygène est égale à 20 L.

Volume de l'air (en L)	100	50	200
Volume de dioxygène (en L)	20	10	40

$\times \frac{20}{100}$

À votre tour

1. À l'état naturel, l'élément lithium est composé de 7,6 % de l'isotope lithium 6.

▸ Calculer le nombre d'atomes de cet isotope dans une mole d'élément lithium.

....

2. Une mole d'élément lithium contient $5{,}56 \times 10^{23}$ atomes de l'isotope lithium 7.

▸ Calculer le pourcentage de cet isotope dans une mole d'élément lithium.

....

Calculer un pourcentage

Méthode

Calculer le pourcentage p % d'un nombre, c'est **multiplier** ce nombre par : $\frac{p}{100}$.

Exemple

Le pourcentage massique d'hydroxyde de sodium NaOH noté P(NaOH) dans un produit ménager est 10 %.
La masse d'hydroxyde de sodium dans 1,0 L de solution de masse m = 1 220 g est :

$m(\text{NaOH}) = \frac{P(\text{NaOH})}{100} \times m$ soit $m(\text{NaOH}) = 122$ g.

À votre tour

Le pourcentage massique de chlorure de sodium NaCl dans 1,0 L de sérum physiologique de masse m = 1 000 g est 0,90 %.

▸ Calculer la masse de chlorure de sodium dans 1,0 L de sérum physiologique.

....

34 Manipuler une expression littérale

Tuto Maths
Manipuler une expression littérale
hatier-clic.fr/cpc05

Une expression littérale est une expression comportant des lettres et éventuellement des nombres. En physique et en chimie, les lettres représentent des grandeurs qui ont une valeur et une unité.
Lors de la résolution d'un exercice, il faut isoler la grandeur cherchée et l'exprimer littéralement avant de calculer sa valeur.

Méthode

- **Écrire la relation connue** entre les grandeurs et **identifier la grandeur cherchée.**
- Appliquer les opérations réciproques **aux deux membres de l'égalité** puis **simplifier.**

La méthode utilisant les opérations réciproques est applicable pour tous les types d'opération.

Rappel

- Additionner est l'opération réciproque de soustraire et inversement.
- Multiplier est l'opération réciproque de diviser et inversement.

Exemples

1. On cherche λ : $E = \frac{hc}{\lambda}$.

$E \times \lambda = \frac{hc}{\lambda} \times \lambda$

$\frac{E \times \lambda}{E} = \frac{hc}{E}$

d'où $\lambda = \frac{hc}{E}$.

➔ Fiche 73

ρ « rhô » et λ « lambda » sont des lettres minuscules grecques.

2. On cherche z_2 :

$P_1 - P_2 = \rho g(z_2 - z_1)$

$\frac{P_1 - P_2}{\rho g} = \frac{\rho g(z_2 - z_1)}{\rho g}$

$\frac{P_1 - P_2}{\rho g} + z_1 = z_2 - z_1 + z_1$

d'où $z_2 = \frac{P_1 - P_2}{\rho g} + z_1$.

➔ Fiche 63

Cas particulier d'une expression littérale avec des carrés ou des racines carrées :

Pour isoler une grandeur au carré (resp. à la racine carrée), appliquer la racine carrée (resp. le carré) aux deux membres de l'égalité.

Exemple :

On cherche d : $F = G \times \frac{m_A \times m_B}{d^2}$

$d^2 = G \times \frac{m_A \times m_B}{F}$ d'où $d = \sqrt{G \times \frac{m_A \times m_B}{F}}$

➔ Fiche 6

Remarque Pour vérifier l'exactitude de l'expression littérale établie, on peut s'assurer que les deux membres de l'égalité ont la même unité et sont homogènes (exemple : λ est en m, $\frac{hc}{E}$ en $\frac{\text{J·s} \times \text{m·s}^{-1}}{\text{J}} = \text{m}$ donc l'expression est homogène).

→ À votre tour

1. Compléter le tableau suivant en donnant l'expression littérale de la grandeur cherchée.

Relation connue	Grandeur cherchée	Expression littérale de la grandeur cherchée
$E_{pp} = mgy$	y	....
$C = \frac{n}{V}$	n	....
$\nu = \frac{c}{\lambda}$	λ	....
$i = \frac{\lambda D}{b}$	λ	....

λ « lambda » et ν « nu » sont des lettres minuscules grecques.

2. La variation d'énergie interne d'un système incompressible est $\Delta U = C \times (T_f - T_i)$.

▸ Exprimer la température finale T_f atteinte par le système. ➔ Fiche 69

....

....

Δ « delta » est une lettre majuscule grecque.

3. La valeur de la vitesse d'un système en mouvement circulaire uniforme autour d'un astre attracteur est $v = \sqrt{\frac{GM}{r}}$.

▸ Exprimer le rayon r de l'orbite circulaire. ➔ Fiche 67

....

4. Le théorème de l'énergie cinétique appliqué à un système de masse m lors d'une chute sans frottement d'un point A vers un point B dans l'air s'écrit :

$$\frac{1}{2} m v_B^2 - \frac{1}{2} m v_A^2 = mg(y_A - y_B).$$

▸ Exprimer la valeur de la vitesse v_B.

....

....

....

35 Résoudre une équation

Tuto Maths
Résoudre une équation
hatier-clic.fr/cpc052

Résoudre une équation, c'est déterminer la ou les valeurs de l'inconnue pour laquelle ou lesquelles l'égalité est vraie.

1. Équation du premier degré

Une équation du premier degré d'inconnue x est de la forme : $\boldsymbol{ax + b = 0}$.

Méthode

- **Regrouper les termes** contenant l'inconnue x dans un même membre de l'égalité (en ajoutant ou en retranchant un même terme en x aux deux membres de l'équation).

- **Multiplier ou diviser** par un même nombre non nul chaque membre de l'égalité pour **isoler l'inconnue** x.

Exemple

➔ Fiche 53

L'équation à résoudre pour déterminer l'avancement maximal x_{max} de la transformation entre l'aluminium et les ions hydrogène est :
$3{,}0 \times 10^{-2} - 2x_{max} = 0$

▸ On **ajoute $2x_{max}$** aux deux membres de l'égalité :

$$3{,}0 \times 10^{-2} \underbrace{- 2x_{max} + 2x_{max}}_{} = 0 + 2x_{max}$$

$$3{,}0 \times 10^{-2} + 0 = 2x_{max}$$

$$3{,}0 \times 10^{-2} = 2x_{max}$$

▸ **On divise par 2** chaque membre de l'égalité :

$$\frac{3{,}0 \times 10^{-2}}{2} = \frac{2x_{max}}{2} \text{ soit } x_{max} = 1{,}5 \times 10^{-2} \text{ mol.}$$

Remarque Avant de regrouper, il faut parfois réduire au même dénominateur ou supprimer des parenthèses en développant.

À votre tour

1. Un générateur de f.é.m. 12 V et de résistance interne 3 Ω alimente un moteur dont la caractéristique est modélisée par la droite d'équation $U = 6{,}0 + 1{,}2\ I$. ➔ Fiche 38

▸ Déterminer l'intensité I du courant dans le circuit.

....

....

2. Une lentille mince convergente de distance focale $f' = 0{,}20$ m donne d'un objet AB une image renversée deux fois plus grande. ➔ Fiche 71

▸ Déterminer la position $\overline{OA}$ de l'objet.

....

....

Équation du second degré

Une équation du second degré d'inconnue x est de la forme :
$ax^2 + bx + c = 0$ avec $a \neq 0$.
On appelle discriminant le nombre réel $\Delta = b^2 - 4ac$.

Δ « delta » est une lettre majuscule grecque.

Méthode

- **Calculer le discriminant Δ.**
- **Calculer la ou les solutions.**

Signe du discriminant	Solution(s) de l'équation
$\Delta > 0$	$x_1 = \dfrac{-b - \sqrt{\Delta}}{2a}$ $x_2 = \dfrac{-b + \sqrt{\Delta}}{2a}$
$\Delta = 0$	$x = \dfrac{-b}{2a}$
$\Delta < 0$	aucune

Exemple ➔ Fiche 54

L'équation à résoudre pour déterminer le taux d'avancement final τ de la réaction entre l'acide éthanoïque et l'eau est :

$$1{,}0 \times 10^{-2}\tau^2 + 1{,}8 \times 10^{-5}\tau - 1{,}8 \times 10^{-5} = 0$$

▸ Le **discriminant** $\Delta = 7{,}2 \times 10^{-7}$ est **positif**.

▸ L'équation a **deux solutions** :

$$\tau_1 = -0{,}043 \; ; \; \tau_2 = 0{,}042.$$

Le taux d'avancement final est une grandeur positive donc la solution de l'équation à retenir est $\tau = 0{,}042$.

À votre tour

1. Déterminer l'intensité I du courant dans le circuit comportant une pile de f.é.m. 4,5 V et de résistance interne 0,050 Ω et une lampe de puissance 0,60 W. ➔ Fiche 38

....

....

....

....

2. Dans le référentiel terrestre, une balle est frappée avec une vitesse initiale $\vec{v}_0$.

L'équation de la trajectoire est : $y = -\dfrac{1}{2}g\dfrac{x^2}{(v_0\cos(\alpha))^2} + \tan(\alpha)\,x + y_0$. ➔ Fiche 66

▸ Déterminer à quelle distance du point de lancement la balle touche le sol.

Données $g = 9{,}8$ N·kg^{-1} • $v_0 = 20$ m·s^{-1} • $\alpha = 45°$ • $y_0 = 2{,}0$ m

....

....

....

....

36 Utiliser les relations dans un triangle

Docs imprimables
Modes d'emploi calculatrices
hatier-clic.fr/cpc054

Angles et longueurs dans un triangle rectangle

Dans un triangle rectangle, les relations trigonométriques – sinus, cosinus et tangente – font intervenir un angle aigu et les longueurs des côtés.

Astuce

SOH Sinus : Opposé sur Hypoténuse

CAH Cosinus : Adjacent sur Hypoténuse

TOA Tangente : Opposé sur Adjacent

$$\sin \hat{K} = \frac{\text{côté opposé}}{\text{hypoténuse}}$$

$$\cos \hat{K} = \frac{\text{côté adjacent}}{\text{hypoténuse}}$$

$$\tan \hat{K} = \frac{\text{côté opposé}}{\text{coté adjacent}}$$

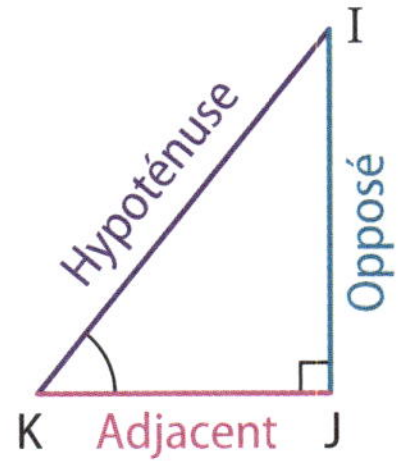

Remarque En physique, les angles sont généralement exprimés en degrés. Il faut donc paramétrer la calculatrice pour calculer un sinus, un cosinus ou une tangente.

α « alpha » et θ « thêta » sont des lettres minuscules grecques.

À votre tour

1. Exprimer l'énergie potentielle de pesanteur d'un skieur au sommet B d'une piste de longueur AB. ➔ Fiche 68

....

....

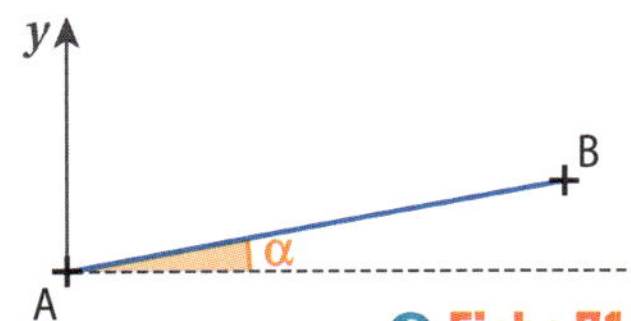

➔ Fiche 71

2. Le grossissement G d'une lunette afocale est $G = \frac{\theta'}{\theta}$.

a. Exprimer $\tan(\theta')$ et $\tan(\theta)$.

....

b. En considérant que $\tan(\theta) \approx \theta$ (car θ est en radians et est petit), vérifier que le grossissement est égal à $G = \frac{f'_1}{f'_2}$ avec f'_1 et f'_2 les distances focales respectivement de l'objectif et de l'oculaire.

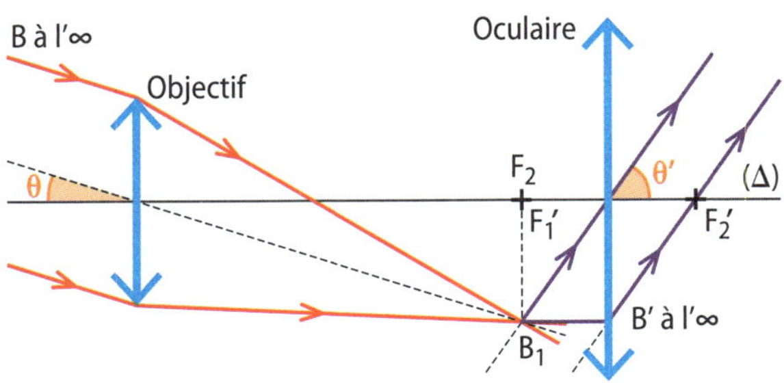

....

....

....

Longueurs dans des triangles semblables

Les côtés de deux triangles semblables ADE et ABC ont des longueurs proportionnelles.

Théorème de Thalès
Si les droites (AB) et (AC) sont sécantes en A et les droites (BC) et (DE) sont parallèles, alors :

$$\frac{AB}{AD} = \frac{AC}{AE} = \frac{BC}{DE}$$

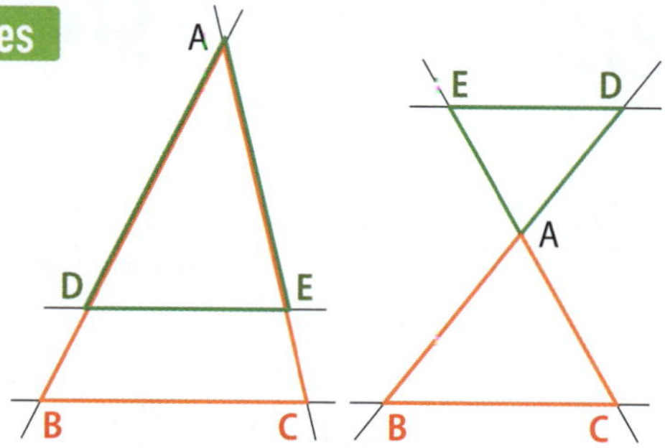

Les triangles ABC et ADE sont semblables.

→ À votre tour

1. Une lentille mince convergente donne d'un objet plan AB une image virtuelle A'B' comme schématisé ci-contre. ➔ Fiche 71

▸ Exprimer le grandissement γ en fonction de $\overline{OA'}$ et $\overline{OA}$.

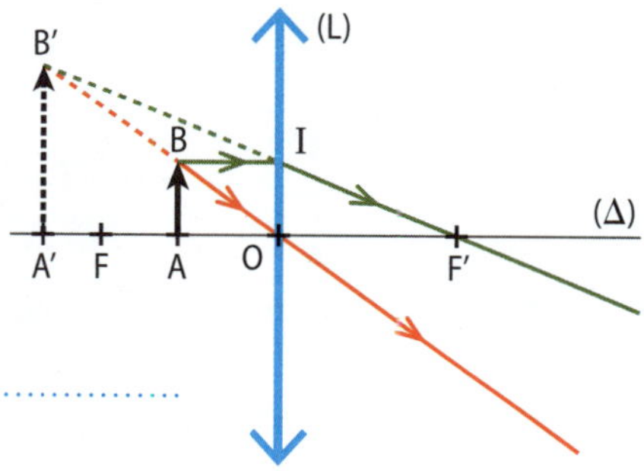

....

....

....

....

....

γ « gamma » est une lettre minuscule grecque.

2. Le cercle oculaire est l'image de la monture de l'objectif par une lunette. ➔ Fiche 71

▸ Montrer que le diamètre d du cercle oculaire est égal à :

$$d = \frac{D \times f'_2}{f'_1}$$

avec D le diamètre de l'objectif, f'_1 et f'_2 les distances focales respectivement de l'objectif et de l'oculaire.

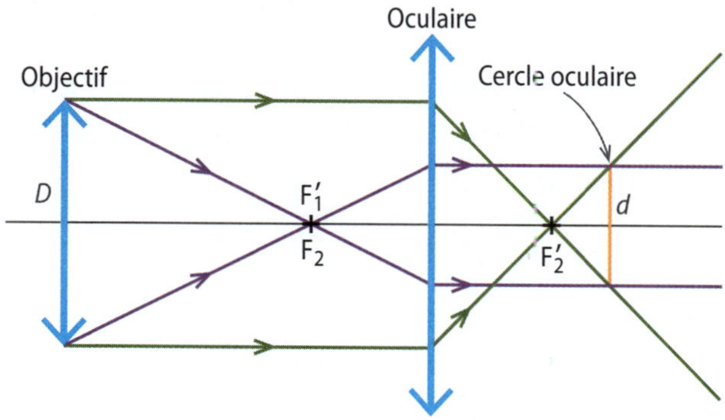

....

Remarque C'est au niveau du cercle oculaire qu'il faut placer l'œil pour recevoir le maximum de lumière.

37 Tracer un graphique

Tuto Maths
Tracer un graphique
hatier-clic.fr/cpc056

Pour exploiter des résultats expérimentaux, on peut représenter l'**évolution d'une grandeur** (en ordonnées) **en fonction d'une autre** (en abscisses).

Méthode

Au crayon à papier, après avoir orienté la feuille pour obtenir un graphique clair et lisible :

1. Tracer, à la règle, les deux axes perpendiculaires orientés.

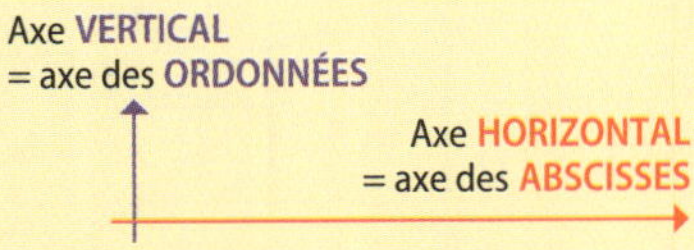

2. Indiquer à l'extrémité de chaque axe la **grandeur** et l'unité.
3. Graduer régulièrement les axes en définissant pour chacun une échelle afin que toutes les valeurs s'étalent au maximum dans la zone du graphique.
4. Placer les points en les représentant par des + (sans faire figurer les traits de construction).
5. Relier les points :
   • avec une règle, si les points sont alignés, en passant le plus près possible de tous les points pour tracer une droite « moyenne » ;
   • à main levée, dans les autres cas, en lissant la courbe (sans tenir compte d'un point aberrant).
6. Donner un titre au graphique :
   Évolution de y en fonction de x ou $y = f(x)$.

En maths, on trace y en fonction de x ce que l'on note $y = f(x)$.
En physique, on trace la grandeur étudiée en fonction de celle qui varie.

Remarques • Pour plus de lisibilité, l'origine de l'axe n'est pas toujours 0.
• Il faut tracer à la règle la droite moyenne :

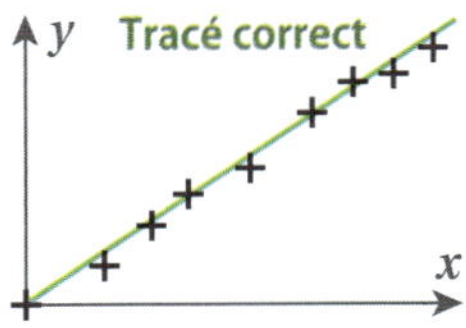

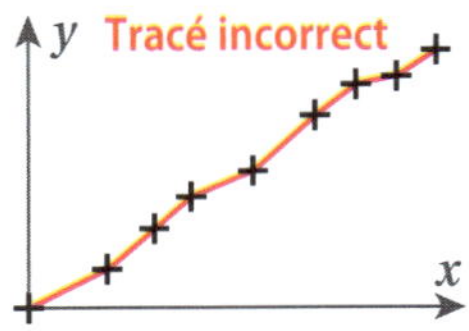

Exemples :

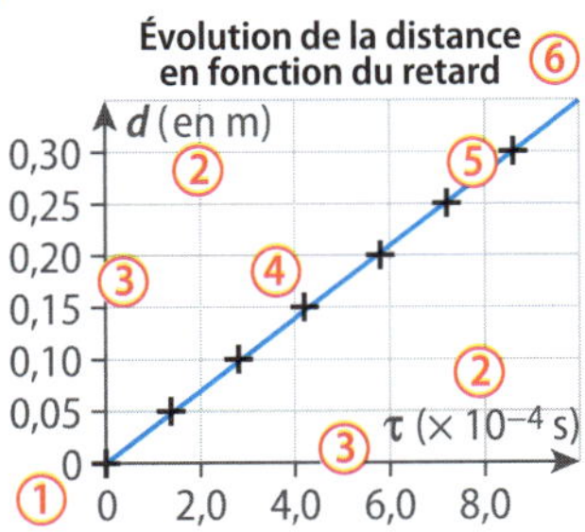

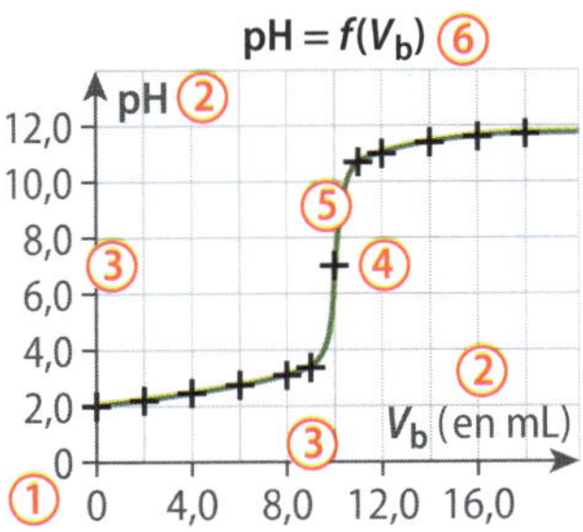

→ À votre tour

➲ Fiche 56

▶ Tracer la courbe d'étalonnage représentant l'évolution de l'absorbance A en fonction de la concentration C en quantité de matière de diiode de différentes solutions étalons.

A	0	0,21	0,45	0,63	0,82
C (en $mol \cdot L^{-1}$)	0	$0{,}50 \times 10^{-3}$	$1{,}0 \times 10^{-3}$	$1{,}5 \times 10^{-3}$	$2{,}0 \times 10^{-3}$

Échelles :

– axe des abscisses : ....

– axe des ordonnées : ....

Titre :

....

....

38 Déterminer l'équation d'une droite

Tuto Maths
Calculer un coefficient directeur
hatier-clic.fr/cpc058

Certaines séries de mesures peuvent être modélisées par une droite, dont l'équation donne la relation mathématique qui lie les deux grandeurs mesurées.

Droite passant par l'origine

➔ Fiche 33

Méthode

Une **fonction linéaire** est représentée par une droite passant par l'origine, d'équation $y = ax$.

***a* est le coefficient directeur.**

▶ Calculer le coefficient directeur *a* à partir des coordonnées de deux points A et B de la droite : $a = \frac{y_B - y_A}{x_B - x_A}$

⚠ Ne pas oublier de préciser l'unité de *a*.

Exemple

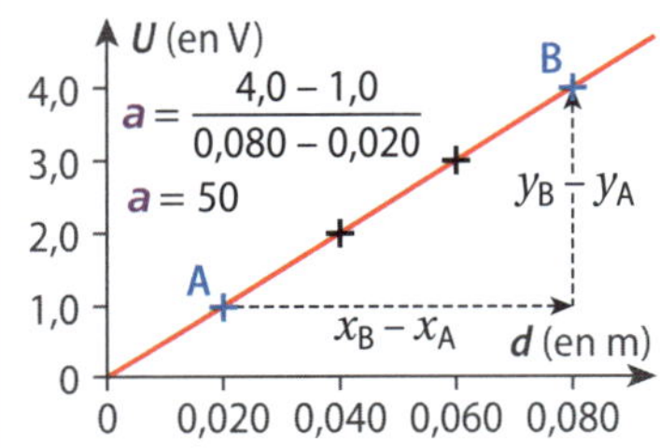

$a = 50\ V{\cdot}m^{-1}$

Droite ne passant pas par l'origine

➔ Fiche 35

Une **fonction affine** est représentée par une droite ne passant pas par l'origine, d'équation :

$$y = ax + b.$$

***b* est l'ordonnée à l'origine.**

▶ Calculer le coefficient directeur *a*.

▶ Lire l'ordonnée à l'origine *b* à l'intersection de la droite avec l'axe des ordonnées.

⚠ Ne pas oublier de préciser l'unité de *a* et de *b*.

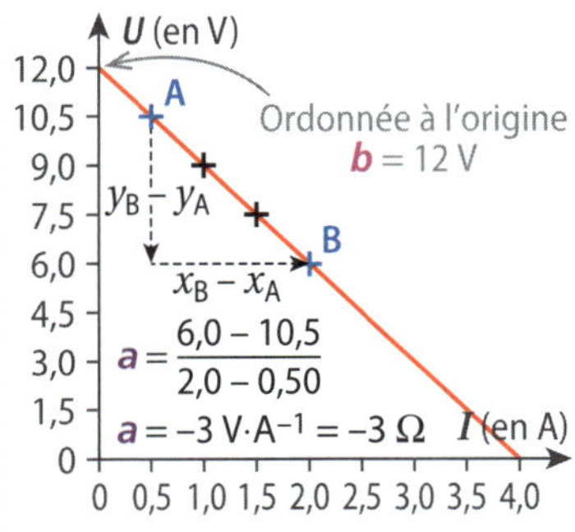

$U = -3\ I + 12$

→ À votre tour

➔ Fiche 74

▶ Déterminer l'équation de la droite ci-contre.

....

....

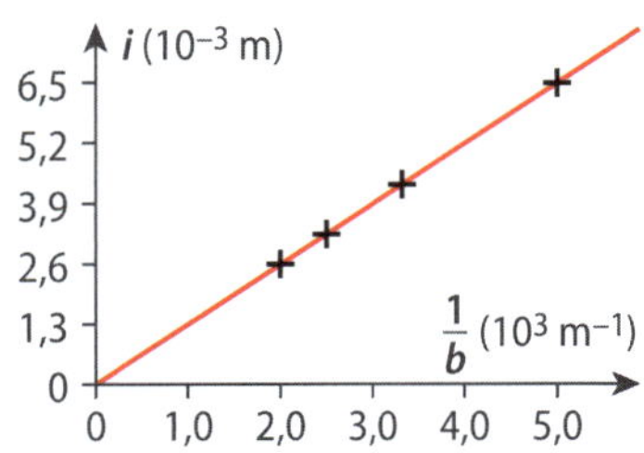

39 Exploiter une modélisation par régression linéaire

Un tableur permet de modéliser des données, c'est-à-dire de les représenter par un modèle qui est ici une fonction mathématique. Lorsque celle-ci est une fonction affine, on parle de **régression linéaire**.

Coefficient de détermination (R^2)

Compris entre 0 et 1, R^2 indique si la droite de régression modélise correctement l'évolution des données : plus les points sont rassemblés autour de la droite, plus R^2 est proche de 1 et plus la modélisation est correcte.

Droite de régression **incorrecte**

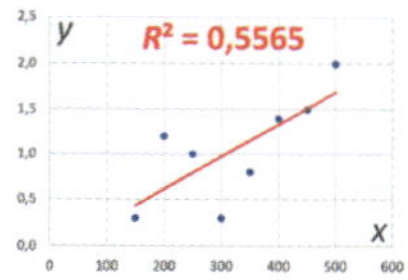

Droite de régression **correcte**

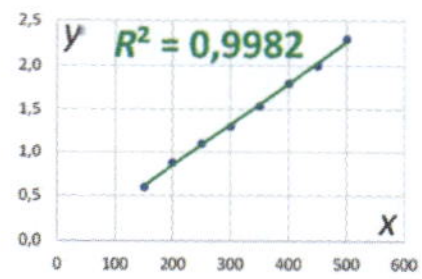

Équation de la droite de régression $y = ax + b$

Méthode

1. Identifier les grandeurs physiques qui correspondent à y et x.

2. Relever les valeurs de a et de b en indiquant leurs unités.

3. En déduire l'équation de la droite.

Cas particulier : si b est proche de 0 ou si $b = 0$, alors la droite passe par l'origine.

Exemple

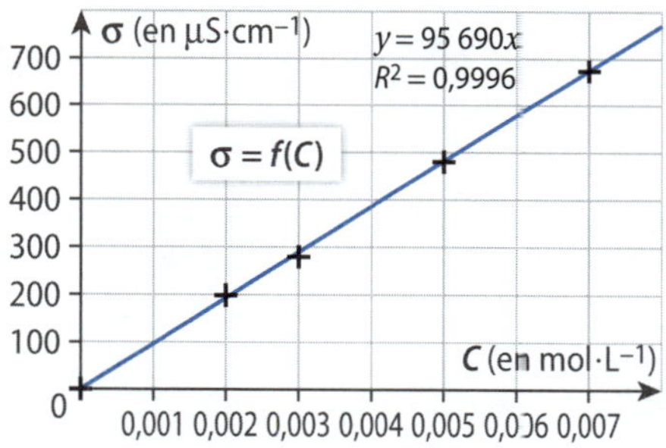

σ correspond à y ; C correspond à x.

a = 95 690 μS·L·cm^{-1}·mol^{-1}

donc $\sigma = 95\,690 \times C$

➔ Fiche 56

À votre tour

➔ Fiche 71

1. Discuter de la validité de la modélisation ci-contre.

....

2. Déterminer l'équation de la droite de régression.

....

....

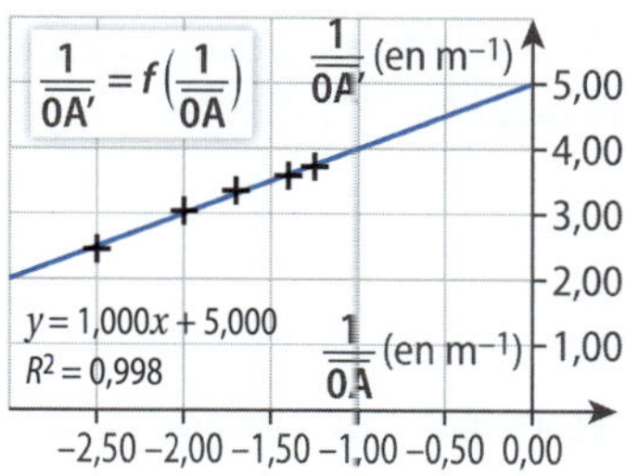

40 Modéliser un nuage de points avec Python

Complément
Fichiers Python
hatier-clic.fr/cpc060

La bibliothèque `scipy.stats` permet de calculer le modèle d'une régression linéaire.

Représenter un nuage de points

Méthode

- Importer les bibliothèques nécessaires.
- Créer des lignes de tableau de valeurs contenant les données avec `np.array([ ])` et attribuer ces lignes à une variable.
- Représenter un nuage de points et définir les grandeurs en abscisses et en ordonnées, la couleur et la forme des points avec `plt.plot()`.
- Indiquer la grandeur et l'unité sur chaque axe avec `plt.xlabel()` et `plt.ylabel()`.
- Donner un titre au graphique avec `plt.title()`.

Exemple

```
import numpy as np
import matplotlib.pyplot as plt
import scipy.stats as sc
//
h=np.array([0,3.5e-2,7e-2,10.5e-2,14e-2])
P2=np.array([1005e2,1008e2,1012e2,1015e2,1019e2])
//
plt.plot(h,P2,'+',color='blue')
//
plt.xlabel("h (en m)")
plt.ylabel("P2 (en Pa)")
plt.title("P2=f(h)")
```

Remarques • $10^{\pm n}$ s'écrit e±n.
• En notant $h = z_1 - z_2$, on a $P_2 = P_1 + \rho g h$. ➔ Fiche 63

Modéliser un nuage de points

- Calculer le coefficient directeur de la droite et l'ordonnée à l'origine avec `sc.linregress()`.
Les attribuer aux variables coefficient avec `coefficient=droite.slope` et oorigine avec `oorigine=droite.intercept`.
- Calculer les images à partir de l'équation de la droite de régression et représenter graphiquement le modèle.

```
droite=sc.linregress(h,P2)
coefficient=droite.slope
print("coefficient directeur:",coefficient)
oorigine=droite.intercept
print("ordonnée à l'origine:",oorigine)
//
P2_modele=coefficient*h + oorigine
plt.plot(h,P2_modele,'-',color='red')
```

Remarque `print()` affiche la valeur de la variable entre parenthèses.

Remarque Modéliser un nuage de points par un polynôme $y = ax^2 + bx + c$ avec `np.polyfit(x,y,2)` affecté à une variable `parabole=np.polyfit(x,y,2)`. Les coefficients a, b et c sont obtenus avec `a=parabole[0]`, `b=parabole[1]` et `c=parabole[2]`.

41 Utiliser les vecteurs

En physique, des vecteurs sont utilisés pour modéliser des grandeurs caractérisées notamment par leurs direction et sens (par exemple la vitesse, les forces ou les champs).

Représenter un vecteur

➔ Fiches 5 et 6 ➔ Fiches 64 et 65

Pour représenter un vecteur, il faut connaître **ses caractéristiques** et l'**échelle de représentation.**
Les caractéristiques d'un vecteur sont :
- **sa direction :** horizontale, verticale, etc. ;
- **son sens :** de gauche à droite, de haut en bas, etc. ;
- **sa norme :** proportionnelle à la valeur de la grandeur selon l'échelle choisie.

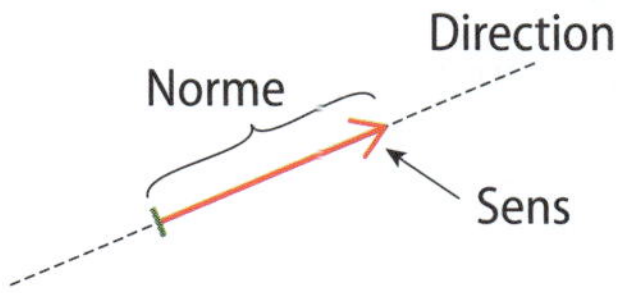

Ne pas confondre ! Sens et direction.

Déterminer les coordonnées d'un vecteur

➔ Fiche 66

Méthode

- **Projeter le vecteur** sur les axes d'un repère orthonormé $(O\,;\vec{i},\vec{j})$: les projections sont les coordonnées du vecteur.

α « alpha » est une lettre minuscule grecque.

- **Utiliser les relations trigonométriques** pour exprimer les coordonnées du vecteur en fonction de la valeur de la grandeur qu'il représente.

Exemple

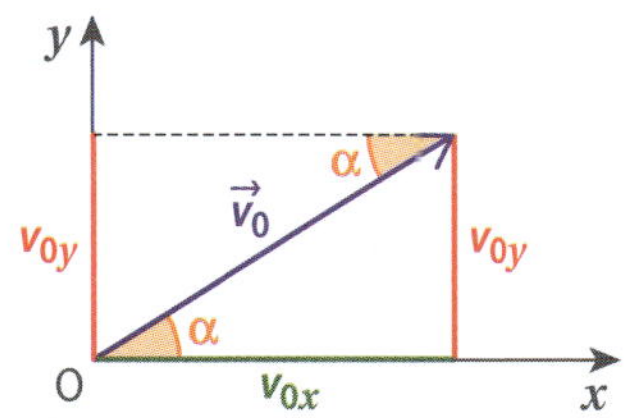

$\cos(\alpha) = \dfrac{v_{0x}}{v_0}$ soit $v_{0x} = v_0 \times \cos(\alpha)$

$\sin(\alpha) = \dfrac{v_{0y}}{v_0}$ soit $v_{0y} = v_0 \times \sin(\alpha)$

d'où $\vec{v_0}\begin{pmatrix} v_{0x} = v_0 \times \cos(\alpha) \\ v_{0y} = v_0 \times \sin(\alpha) \end{pmatrix}$

Remarque Les coordonnées d'un vecteur sont algébriques, elles peuvent être positives ou négatives.

À votre tour

➔ Fiche 64

1. Dans un condensateur, un champ électrostatique, de valeur $E = 1{,}2 \times 10^3\ \text{V·m}^{-1}$, est perpendiculaire aux armatures et dirigé de l'armature positive vers la négative.

Donnée Échelle 1,0 cm ⟷ $1{,}0 \times 10^3\ \text{V·m}^{-1}$

Remarque Ce champ aux caractéristiques constantes est uniforme.

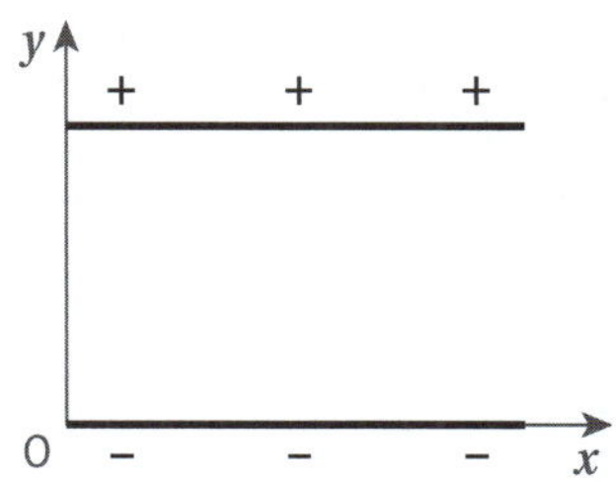

▸ Représenter le champ électrostatique $\vec{E}$.

2. Déterminer les coordonnées du champ électrostatique $\vec{E}$ dans le repère $(O\,;\vec{i},\vec{j})$.

....

42 Sommer et soustraire des vecteurs

Sommer des vecteurs

➜ Fiche 7

Définition

- La somme de deux vecteurs $\overrightarrow{AB}$ et $\overrightarrow{CD}$ est un vecteur qui résulte de l'enchaînement des translations de vecteur $\overrightarrow{AB}$ et de vecteur $\overrightarrow{CD}$.

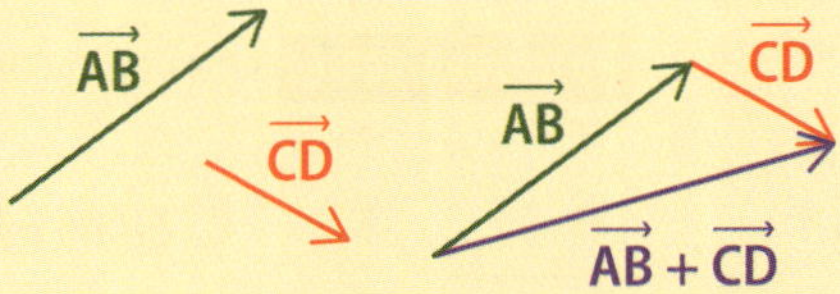

- La somme de deux vecteurs opposés $\overrightarrow{AB}$ et $\overrightarrow{BA}$ est nulle ($\overrightarrow{AB} + \overrightarrow{BA} = \vec{0}$) : ils ont la même direction, la même norme mais des sens contraires.

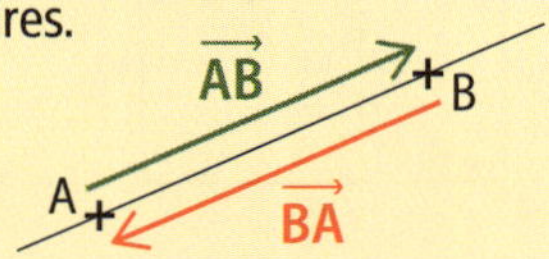

Exemple

La somme des trois vecteurs forces ci-contre peut se décomposer en deux sommes de deux vecteurs.

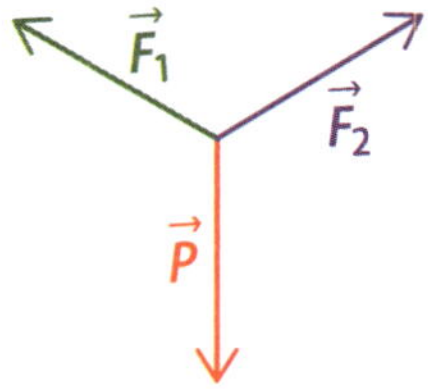

❶ On fait la somme des vecteurs $\vec{F}_1$ et $\vec{P}$.

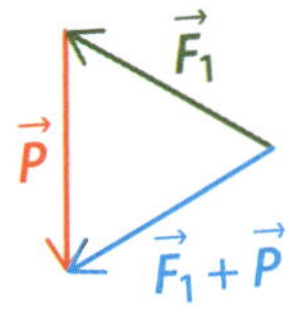

❷ On fait la somme du vecteur obtenu avec le vecteur $\vec{F}_2$.

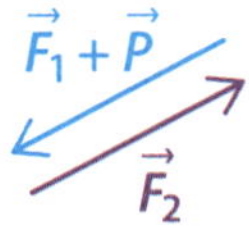

La somme de ces deux vecteurs est nulle : ces vecteurs sont opposés.

Soustraire des vecteurs

- La différence du vecteur $\overrightarrow{AB}$ et du vecteur $\overrightarrow{CD}$ est la somme des vecteurs $\overrightarrow{AB}$ et $\overrightarrow{DC}$ (vecteur opposé de $\overrightarrow{CD}$).

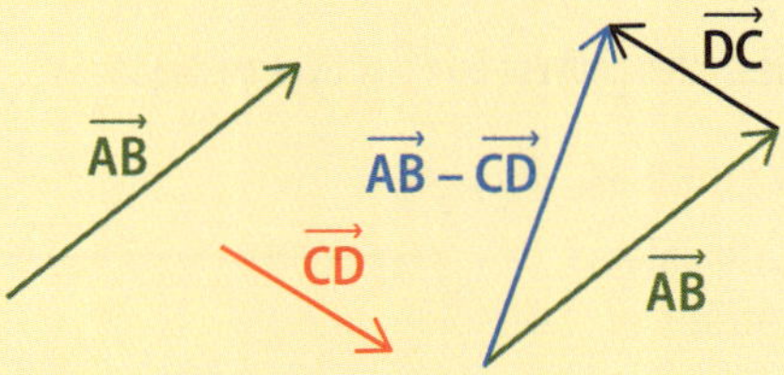

La variation du vecteur vitesse d'un système en mouvement parabolique est représentée par le vecteur $\vec{v}_2 - \vec{v}_1$.

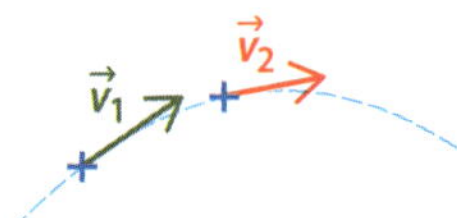

❶ On trace le vecteur $-\vec{v}_1$.

❷ On fait la somme des vecteurs $\vec{v}_2$ et $-\vec{v}_1$.

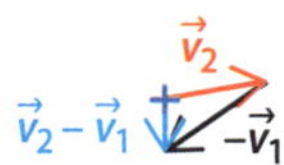

À votre tour

▸ Construire le vecteur $\vec{v}_2 - \vec{v}_1$ pour un système en mouvement rectiligne uniformément accéléré.

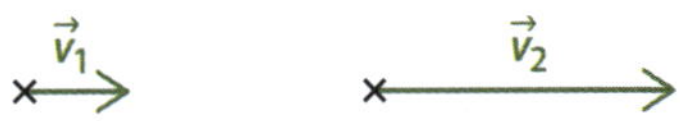

Remarque La variation du vecteur vitesse a les mêmes direction et sens que le vecteur accélération. ➜ Fiche 65

43 Calculer un produit scalaire

➲ Fiche 68

En physique, le produit scalaire est utilisé notamment pour calculer le travail d'une force.

Utiliser la définition

$\overrightarrow{AB} \cdot \overrightarrow{AC} = AB \times AC \times \cos(\alpha)$

α « alpha » est une lettre minuscule grecque.

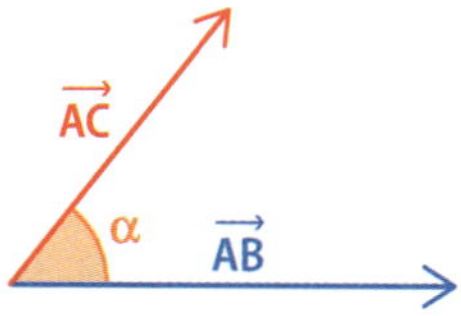

Remarque Le résultat d'un produit scalaire est un nombre réel.

$0 \leqslant \alpha < 90$	$\alpha = 90°$	$90 < \alpha \leqslant 180$
$\overrightarrow{AB} \cdot \overrightarrow{AC} > 0$	$\overrightarrow{AB} \cdot \overrightarrow{AC} = 0$	$\overrightarrow{AB} \cdot \overrightarrow{AC} < 0$

Exemple : travail de la force $\vec{f}$ de frottements

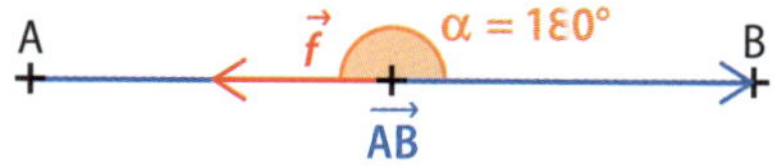

$W_{AB}(\vec{f}) = \vec{f} \cdot \overrightarrow{AB} = f \times AB \times \cos(180)$

d'où $W_{AB}(\vec{f}) = -f \times AB < 0$

Remarque Un travail négatif est dit résistant ; s'il est positif, il est dit moteur.

Utiliser les coordonnées des vecteurs

Méthode

- **Déterminer les coordonnées** des vecteurs dans le repère orthonormé $(O; \vec{i}, \vec{j})$:

$\overrightarrow{AB}\begin{pmatrix} x_B - x_A \\ y_B - y_A \end{pmatrix}$ et $\overrightarrow{AC}\begin{pmatrix} x_C - x_A \\ y_C - y_A \end{pmatrix}$.

➲ Fiche 41

- **Calculer le produit scalaire :**

$\overrightarrow{AB} \cdot \overrightarrow{AC} = (x_B - x_A) \times (x_C - x_A) + (y_B - y_A) \times (y_C - y_A)$

Exemple

▸ Travail du poids $\vec{P}$

$\vec{P}\begin{pmatrix} 0 \\ -mg \end{pmatrix}$

$\overrightarrow{AB}\begin{pmatrix} x_B - x_A \\ y_B - y_A \end{pmatrix}$

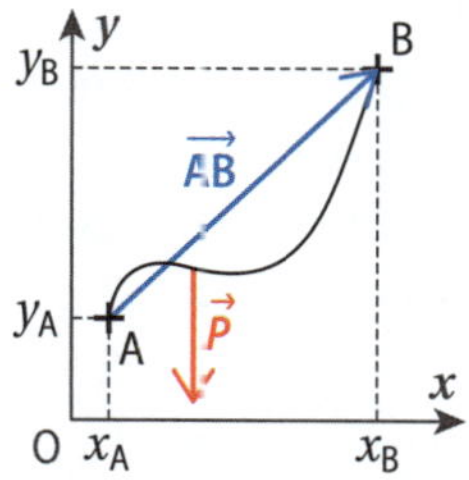

▸ $W_{AB}(\vec{P}) = 0 \times (x_B - x_A) + (-mg \times (y_B - y_A))$

$W_{AB}(\vec{P}) = -mg\,(y_B - y_A) = mg\,(y_A - y_B)$.

→ À votre tour

Une valise se déplace sur un tapis roulant de longueur AB.

Données $P = 150$ N • $F = 26$ N • AB = 250 m • $\alpha = 10°$

▸ Calculer le travail de chaque force s'exerçant sur la valise.

....

....

....

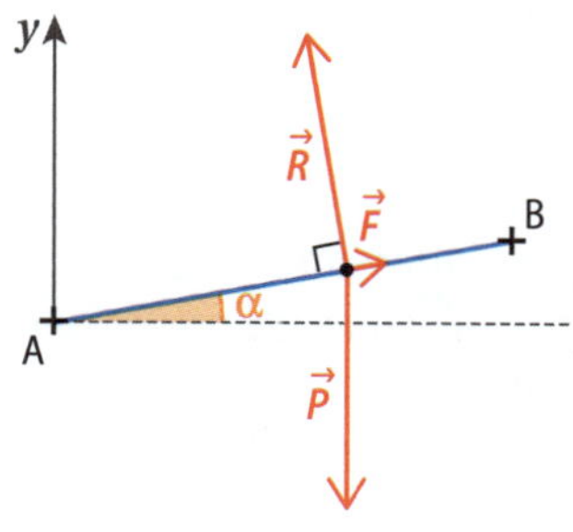

44 Tracer des vecteurs vitesse et accélération avec Python

Complément
Fichiers Python
hatier-clic.fr/cpc064

Tracer un vecteur vitesse

Dans un repère orthonormé $(O\,;\vec{i},\vec{j})$, le vecteur vitesse $\vec{v}_k$ pour la position k d'un point $M_k\begin{pmatrix} x_k \\ y_k \end{pmatrix}$ a pour coordonnées : $\vec{v}_k\begin{pmatrix} v_{kx} = \dfrac{x_{k+1} - x_k}{\Delta t} \\ v_{ky} = \dfrac{y_{k+1} - y_k}{\Delta t} \end{pmatrix}$, Δt étant la durée entre les deux positions successives k et $(k + 1)$.

Δ « delta » est une lettre majuscule grecque.

Méthode

- Importer les bibliothèques nécessaires.
- Représenter par un nuage de points les positions successives du point M à partir de ses coordonnées dans le repère orthonormé. ➲ **Fiche 40**
- Préciser le nombre de positions N et la durée `Dt` (en secondes) entre deux positions successives.
- Utiliser la boucle « `for k in range(0,N-1)` » pour répéter une série d'instructions $(N - 1)$ fois afin de calculer les coordonnées du vecteur vitesse.
- Tracer pour la position k d'un point $M_k\begin{pmatrix} x_k \\ y_k \end{pmatrix}$ le vecteur vitesse $\vec{v}_k\begin{pmatrix} v_{kx} \\ v_{ky} \end{pmatrix}$ avec `quiver(x[k],y[k],Vkx,Vky)`.

  Les autres arguments concernent la mise en forme du vecteur : couleur, échelle, respect des longueurs et des angles.

Exemple

```
import numpy as np
import matplotlib.pyplot as plt
//
x=np.array([0.0,1.0,2.0,2.99,
3.99,4.98,5.97,6.96,7.95])
y=np.array([0.0,1.53,2.67,3.42,
3.77,3.73,3.29,2.47,1.25])
//
plt.plot(x,y,'o',markersize=4)
//
N=9
Dt=0.2
//
for k in range(0,N-1) :
    echelle=0.15
    Vkx=(x[k+1]-x[k])/Dt*echelle
    Vky=(y[k+1]-y[k])/Dt*echelle
//
    plt.quiver(x[k],y[k],Vkx,Vky,
    color='red',scale=1,
    scale_units='xy',angles='xy')
//
plt.axis('scaled')
plt.show()
```

Remarque `plt.axis('scaled')` permet de tracer un repère orthonormé.

Remarques • À chaque itération, k prend une valeur entière allant de 0 à $(N - 2)$, il y a donc $(N - 1)$ valeurs de coordonnées.
• On ne peut tracer que $(N - 1)$ vecteurs vitesse.

Tracer un vecteur accélération Tle

Dans un repère orthonormé $(O; \vec{i}, \vec{j})$, le vecteur accéleration $\vec{a}_k$ pour la position k d'un point $M_k\begin{pmatrix} x_k \\ y_k \end{pmatrix}$ a pour coordonnées : $\vec{a}_k\begin{pmatrix} a_{kx} = \dfrac{v_{(k+1)x} - v_{kx}}{\Delta t} \\ a_{ky} = \dfrac{v_{(k+1)y} - v_{ky}}{\Delta t} \end{pmatrix}$, Δt étant la durée entre les deux positions successives k et $(k + 1)$.

> Δ « delta » est une lettre majuscule grecque.

Méthode

- Représenter les positions successives du point M par un nuage de points. Préciser le nombre `N` de positions et la durée `Dt` entre deux positions successives.
- Créer deux lignes de tableaux vides `Vx` et `Vy` pour accueillir respectivement les abscisses `Vkx` et ordonnées `Vky` des vecteurs vitesse.
- Utiliser la boucle « `for k in range(0,N-1)` » pour répéter une série d'instructions $(N - 1)$ fois. À chaque itération, on calcule les coordonnées d'un vecteur et on remplit les lignes de tableaux avec l'instruction `np.append()`.
- Utiliser la boucle « `for k in range(0,N-2)` » pour répéter une série d'instructions $(N - 2)$ fois afin de calculer les coordonnées des vecteurs accélération.
- Tracer pour la position k d'un point $M_k\begin{pmatrix} x_k \\ y_k \end{pmatrix}$ le vecteur accélération $\vec{a}_k\begin{pmatrix} a_{kx} \\ a_{ky} \end{pmatrix}$ avec `quiver(x[k],y[k],Akx,Aky)`.

Exemple

```
Vx=np.array([ ])
Vy=np.array([ ])
for k in range(0,N-1) :
     Vkx=(x[k+1]-x[k])/Dt
     Vx=np.append(Vx,Vkx)
     Vky=(y[k+1]-y[k])/Dt
     Vy=np.append(Vy,Vky)

for k in range(0,N-2) :
     echelle=0.1
     Akx=(Vx[k+1]-Vx[k])/Dt*echelle
     Aky=(Vy[k+1]-Vy[k])/Dt*echelle

     plt.quiver(x[k],y[k],Akx,Aky,
     color='green',scale=1,
     scale_units='xy',angles='xy')

plt.axis('scaled')
plt.ylim(-1,4)
plt.show()
```

Remarque À partir de $(N - 1)$ vecteurs vitesse, on ne peut pas calculer les coordonnées du vecteur accélération du $(N - 1)$-ième point donc on ne peut tracer que $(N - 2)$ vecteurs accélération.

45 Utiliser une fonction

En physique et en chimie, une fonction y désigne une grandeur qui dépend d'une variable, généralement le temps t. Par abus de notation, $y(t)$ désigne la fonction.

En maths, une fonction y est définie par $y : t \rightarrow y(t)$, $y(t)$ étant l'image de t par la fonction y.

Fonctions trigonométriques : sinus et cosinus

Définition

- La fonction sinus, notée sin, associe à un nombre réel t le nombre $\sin(t)$.

  La fonction cosinus, notée cos, associe à un nombre réel t le nombre $\cos(t)$.
- Les courbes représentatives de ces fonctions sont des sinusoïdes.

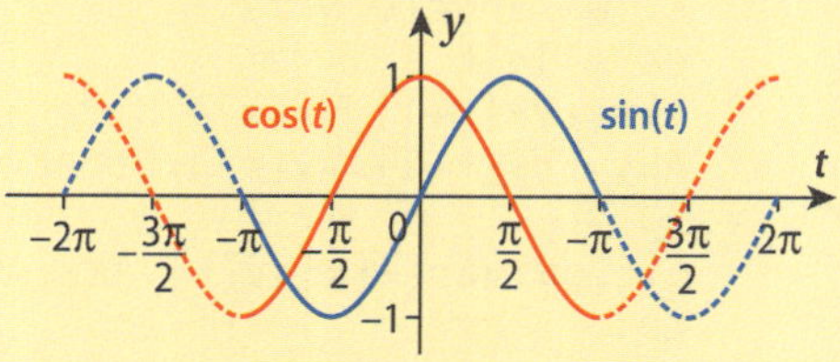

- Ces fonctions sont périodiques.

Si une fonction sinusoïdale présente un décalage en $y(0)$ (si $\sin(0) \neq 0$ ou si $\cos(0) \neq 1$), il existe une phrase à l'origine φ exprimée en radians telle que $-\pi \leqslant \varphi \leqslant \pi$.

Exemple

➔ Fiche 70

L'élongation au cours du temps d'un point d'un milieu atteint par une onde progressive périodique est représentée par une fonction sinusoïdale de la forme :

$$y(t) = A \sin\left(\frac{2\pi}{T} \times t + \varphi\right).$$

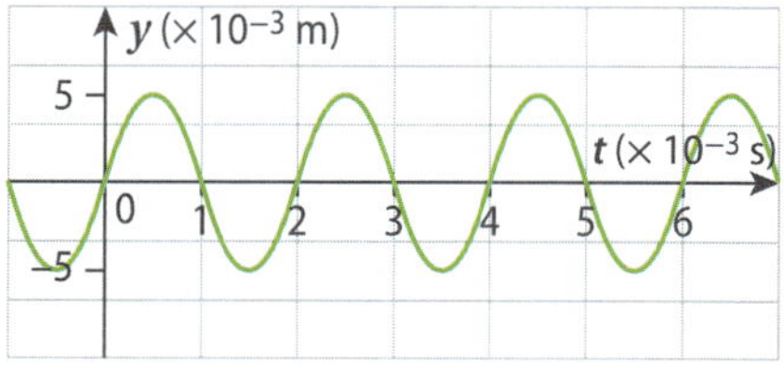

L'amplitude de l'élongation est $A = 5 \times 10^{-3}$ m.

L'onde est périodique de période $T = 2 \times 10^{-3}$ s.

$y(0) = 0$ donc $\sin\left(\frac{2\pi}{T} \times 0 + \varphi\right) = 0$

soit $\sin(\varphi) = 0$ d'où $\varphi = 0$.

La fonction s'écrit :

$$y(t) = 5 \times 10^{-3} \times \sin(1\,000\pi \times t).$$

Remarque Une onde progressive sinusoïdale est représentée par une fonction sinusoïdale de la forme $y(x, t) = A \sin\left(\frac{2\pi}{T}t - \frac{2\pi}{\lambda}x + \varphi\right)$ ou $y(x, t) = A \cos\left(\frac{2\pi}{T}t - \frac{2\pi}{\lambda}x + \varphi\right)$.

φ « phi » est une lettre minuscule grecque.

À votre tour

➔ Fiche 48

▶ Vérifier que l'élongation précédente peut être décrite par une fonction sinusoïdale de la forme $y(t) = 5 \times 10^{-3} \times \cos(1\,000\pi \times t + \varphi)$ avec $\varphi = -\frac{\pi}{2}$.

....

Fonction exponentielle Tle

Définition

- La fonction exponentielle, notée exp ou e, associe à un nombre réel t le nombre $\exp(t) = e^t$.
- $e^0 = 1$; $\lim\limits_{t \to +\infty} e^t = +\infty$; $\lim\limits_{t \to -\infty} e^t = 0$.
- La fonction réciproque de la fonction exponentielle est la fonction logarithme népérien : $\ln(e^t) = t$ et $e^{(\ln t)} = t$.

Exemple

Fiche 62

Le nombre de noyaux radioactifs suit une décroissance exponentielle $N(t) = N_0 e^{-\lambda t}$.

À $t = 0$: $N(0) = N_0 e^0 = N_0$.

Lorsque t tend vers $+\infty$:

$\lim\limits_{t \to +\infty} e^{-\lambda t} = 0$ d'où $N(t)$ tend vers 0.

λ « lambda » et τ « tau » sont des lettres minuscules grecques.

À votre tour

Fiche 76

Lors de la charge, la tension aux bornes d'un condensateur est $u(t) = E\left(1 - e^{-\frac{t}{\tau}}\right)$.

▶ Déterminer la tension lorsque le condensateur est chargé.

....

....

Fonction logarithme décimal Tle

Fiche 52

Définition

- La fonction logarithme décimal, notée log, associe à un nombre réel $t > 0$ le nombre $\log(t) = \dfrac{\ln(t)}{\ln(10)}$.
- La fonction réciproque de la fonction logarithme décimal est la fonction 10^t :

$$10^{\log(t)} = t \text{ et } \log(10^t) = t.$$

Exemple

Fiche 23

Le pH d'une solution est défini par :

$$\text{pH} = -\log\left(\frac{[H_3O^+]}{c^0}\right)$$

avec $[H_3O^+]$ en mol·L^{-1} et $c^0 = 1 \text{mol·L}^{-1}$

$\log[H_3O^+] = -\text{pH}$

$10^{\log[H_3O^+]} = 10^{-\text{pH}}$ d'où $[H_3O^+] = 10^{-\text{pH}}$.

Remarque Propriétés utiles : $\log(a \times b) = \log(a) + \log(b)$ et $\log\left(\frac{a}{b}\right) = \log(a) - \log(b)$.

À votre tour

Le niveau d'intensité sonore, exprimé en décibels, est $L_{dB} = 10 \log\left(\frac{I}{I_0}\right)$.

▶ Exprimer l'intensité sonore I en fonction du niveau d'intensité sonore L_{dB}.

....

46 Déterminer la dérivée ou une primitive d'une fonction Tle

Tuto Maths
Déterminer la dérivée ou une primitive
hatier-clic.fr/cpc068

Déterminer la dérivée d'une fonction

Définition

- La fonction dérivée y' d'une fonction y associe à un nombre réel t le nombre :

$$y'(t) = \frac{\mathrm{d}y}{\mathrm{d}t}.$$

- Le coefficient directeur de la tangente en un point $\mathrm{M}(t_\mathrm{M}\,;\,y_\mathrm{M})$ de la courbe représentative de la fonction $y(t)$ est égal à $y'(t_\mathrm{M})$. ➜ Fiche 55
- Quelques fonctions dérivées usuelles : a et b sont des nombres réels.

Fonctions		Fonctions dérivées
Constante	$y(t) = a$	$y'(t) = 0$
Affine	$y(t) = at + b$	$y'(t) = a$
Carré	$y(t) = t^2$	$y'(t) = 2t$
Exponentielle	$y(t) = \mathrm{e}^t$	$y'(t) = \mathrm{e}^t$
	$y(t) = \mathrm{e}^{kt}$	$y'(t) = k\mathrm{e}^{kt}$

Exemple

➜ Fiches 65 et 66

Le vecteur position d'un système en mouvement dans le champ de pesanteur est :

$$\overrightarrow{\mathrm{OM}} \begin{pmatrix} x(t) = v_0\cos(\alpha)t \\ y(t) = -\frac{1}{2}gt^2 + v_0\sin(\alpha)t \end{pmatrix}$$

Par définition : $\vec{v} = \frac{\mathrm{d}\overrightarrow{\mathrm{OM}}}{\mathrm{d}t}$ et $\vec{a} = \frac{\mathrm{d}\vec{v}}{\mathrm{d}t}$.

$$\vec{v} \begin{pmatrix} v_x(t) = \frac{\mathrm{d}x}{\mathrm{d}t} = v_0\cos(\alpha) \\ v_y(t) = \frac{\mathrm{d}y}{\mathrm{d}t} = -gt + v_0\sin(\alpha) \end{pmatrix}$$

$$\vec{a} \begin{pmatrix} a_x(t) = \frac{\mathrm{d}v_x}{\mathrm{d}t} = 0 \\ a_y(t) = \frac{\mathrm{d}v_y}{\mathrm{d}t} = -g \end{pmatrix}$$

À votre tour

1. Les coordonnées du vecteur position d'un point M sont $x(t) = 20t - 100$ et $y(t) = 0$.

▸ Déterminer les coordonnées des vecteurs vitesse et accélération. ➜ Fiche 65

....

2. a. Vérifier que le coefficient directeur de la tangente à l'origine à la courbe $u(t) = E\left(1 - \mathrm{e}^{-\frac{t}{\tau}}\right)$ est $\frac{E}{\tau}$. ➜ Fiche 45 ➜ Fiche 76

τ « tau » est une lettre minuscule grecque.

....

b. La tangente à l'origine, d'équation $u(t) = \frac{E}{\tau}t$, coupe l'asymptote horizontale $u(t) = E$. Vérifier que τ est l'abscisse du point d'intersection.

....

Déterminer une primitive d'une fonction

Définition

- La fonction Y est une primitive d'une fonction y si :
$$Y'(t) = y(t).$$
- Toutes les fonctions de la forme $Y(t) + k$ avec k une constante sont des primitives de y.
- Quelques fonctions primitives usuelles : a et b sont des nombres réels.

Fonctions		Fonctions primitives
Constante	$y(t) = 0$	$Y(t) = k$
	$y(t) = a$	$Y(t) = at + k$
Affine	$y(t) = at + b$	$Y(t) = \frac{1}{2}at^2 + bt + k$

En dérivant les coordonnées du vecteur vitesse (resp. position), on retrouve celles du vecteur accélération (resp. vitesse).

Exemple

À $t = 0$, un point M est en $x_0 = 0$ et a une vitesse initiale $v_{0x} = 50\ \text{m·s}^{-1}$. Son mouvement est rectiligne uniformément accéléré suivant l'axe (Ox).

Les coordonnées du vecteur accélération sont :
$$a_x(t) = 2{,}2 \text{ et } a_y(t) = 0.$$

Par définition, les équations horaires du vecteur vitesse (resp. position) sont les primitives des équations horaires du vecteur accélération (resp. vitesse), les constantes étant données par les conditions initiales :

$v_x(t) = 2{,}2t + 50$ et $v_y(t) = 0$

$x(t) = \frac{1}{2} \times 2{,}2 \times t^2 + 50t$

et $y(t) = 0$.

À votre tour

Fiche 66

Dans le référentiel terrestre supposé galiléen, un système de masse m et de charge q, modélisé par un point M, est placé dans un champ électrique uniforme $\vec{E}$. Il est uniquement soumis à la force électrique $\vec{F} = q\vec{E}$, le poids $\vec{P}$ étant négligeable par rapport à cette force.

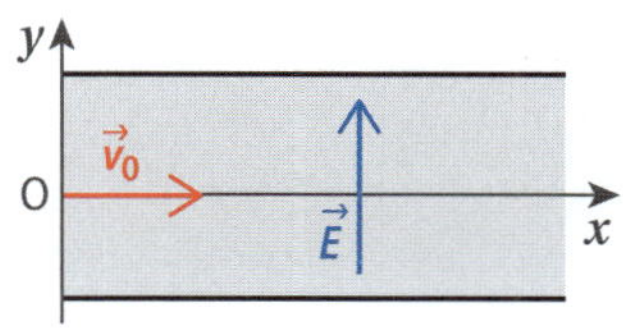

- Établir les équations horaires et l'équation de la trajectoire d'un électron de masse m et de charge –e ayant une vitesse initiale $\vec{v}_0$ horizontale.

....

....

....

....

47 Résoudre une équation différentielle Tle

Une équation différentielle du premier ordre lie une fonction et sa dérivée première.
En physique et en chimie, la fonction y désigne une grandeur physique (tension u, température T, etc.) qui peut dépendre d'une variable (généralement le temps t).
On peut rencontrer une équation différentielle de cette fonction y qui fait intervenir la dérivée première par rapport au temps $\frac{dy}{dt}$ (lorsque la variable est le temps).

En maths, une fonction y est définie par $y(t)$, l'image de t par la fonction y. Sa dérivée première est notée y'. En physique, par abus de notation, $y(t)$ désigne la fonction.

Résoudre une équation différentielle, c'est exprimer $y(t)$.

Tuto Maths
Résoudre une équation différentielle
hatier-clic.fr/cpc070

Équation du type $\frac{dy}{dt} = ay$

En maths, on aurait une équation du type $y' = ay$.

Méthode

- Écrire, si nécessaire, l'**équation différentielle sous la forme :**

$$\frac{dy}{dt} = ay.$$

- **Donner la forme de la solution générale : $y(t) = Ae^{at}$ avec A une constante réelle.**
- **Déterminer la constante A** à partir de la valeur de y pour une valeur de t donnée.

Exemple

➔ Fiche 45 ➔ Fiche 76

L'équation différentielle vérifiée par la tension u aux bornes d'un condensateur lors de sa décharge est : $\frac{du}{dt} + \frac{1}{\tau}u = 0$.

▸ On écrit l'équation sous la forme :

$$\frac{du}{dt} = -\frac{1}{\tau}u.$$

▸ La solution générale est : $u(t) = Ae^{-\frac{t}{\tau}}$.

▸ À $t = 0$, la tension aux bornes d'un condensateur chargé est : $u(0) = E$.

$$u(0) = Ae^0 = A \text{ donc } A = E.$$

On en déduit la solution :

$$u(t) = Ee^{-\frac{t}{\tau}}.$$

À votre tour

À $t = 0$, un échantillon radioactif contient N_0 noyaux d'uranium. L'équation différentielle donnant l'évolution du nombre N de noyaux radioactifs au cours du temps est :

$$\frac{dN}{dt} = -\lambda N.$$

▸ Résoudre cette équation différentielle.

➔ Fiche 62

....

....

Équation du type $\frac{dy}{dt} = ay + b$

En maths, on aurait une équation du type $y' = ay + b$.

a et b sont des constantes réelles et a est non nulle.
L'équation différentielle obtenue pour $b = 0$ est qualifiée d'**équation homogène.**

Méthode

- Écrire **l'équation homogène** : $\frac{dy}{dt} = ay$ et **donner la forme de sa solution générale** $y_h(t) = Ae^{at}$ avec A une constante.
- **Chercher une solution particulière** sous la forme d'une constante $y_p = B$.
- Donner **la forme de la solution générale** qui est la **somme de la forme de la solution** générale de l'équation **homogène** et **d'une solution particulière** :
  $y(t) = y_h + y_p$ soit $y(t) = Ae^{at} + B$.
- **Déterminer la constante A** à partir de la valeur de y pour une valeur de t donnée.

Exemple

➔ Fiche 76

L'équation différentielle vérifiée par la tension u aux bornes d'un condensateur lors de sa charge est :

$$\frac{du}{dt} = -\frac{1}{\tau}u + \frac{E}{\tau} \quad (1)$$

▶ L'équation homogène est : $\frac{du}{dt} = -\frac{1}{\tau}u$.

Sa solution générale est $u_h(t) = Ae^{-\frac{t}{\tau}}$.

▶ On cherche une solution particulière constante $u_p = B$. Sa dérivée étant nulle, elle vérifie l'équation différentielle (1) :

$$0 = -\frac{B}{\tau} + \frac{E}{\tau} \text{ donc } B = E.$$

▶ La solution générale de l'équation différentielle (1) est : $u(t) = Ae^{-\frac{t}{\tau}} + E$.

▶ À $t = 0$, la tension aux bornes d'un condensateur déchargé est nulle :
$u(0) = A + E = 0$ donc $A = -E$.
On en déduit la solution :

$$u(t) = -Ee^{-\frac{t}{\tau}} + E = E(1 - e^{-\frac{t}{\tau}}).$$

➔ À votre tour

L'évolution au cours du temps de la température T d'une tasse de café placée à la température T_{air} constante est modélisée par la loi de Newton : $\frac{dT}{dt} = -k(T - T_{air})$ avec $k \neq 0$.

▶ Résoudre cette équation différentielle pour $T(0) = T_0$.

....

....

....

....

48 Représenter une fonction trigonométrique avec Python

Complément
Fichiers Python
hatier-clic.fr/cpc072

Méthode

- Importer les bibliothèques nécessaires.
- Définir les caractéristiques : l'amplitude *A*, la période *T* et la phase à l'origine phi.
- Préciser l'intervalle de temps dans lequel la fonction est tracée et le nombre *N* de points représentés.
- Créer un tableau de *N* valeurs du temps *t* avec `np.linspace`.
- Entrer la fonction permettant de calculer les images de *t*.
- Représenter un nuage de points et configurer le graphique.

➲ Fiche 40

Exemple

➲ Fiche 45

```
import numpy as np
import matplotlib.pyplot as plt

A = 0.005
T = 0.002
phi = -np.pi/2

tmin = 0 # valeur minimale
tmax = 3*T # valeur maximale
N = 100
t = np.linspace(tmin,tmax,N)

y = A*np.cos(2*np.pi/T*t+phi)
```

Remarque Tle Pour représenter la somme de deux fonctions, entrer les fonctions y_1 et y_2 et calculer $y = y_1 + y_2$.

→ À votre tour

1. L'élongation d'un point d'un milieu atteint par une onde progressive périodique peut être représentée par une fonction sinus.

➲ Fiche 45

▸ Indiquer les modifications à apporter au script de l'exemple pour représenter l'élongation au cours du temps. Modifier le script et l'exécuter pour vérification.

....

Tle **2.** Deux signaux sinusoïdaux de même amplitude et même période sont décrits par des fonctions cosinus avec une phase à l'origine nulle pour le signal y_1.

a. Indiquer les modifications à apporter au script de l'exemple pour représenter la somme de ces deux signaux.

....

....

b. Indiquer la phase à l'origine permettant d'observer une somme nulle puis maximale. Modifier le script et l'exécuter pour vérification.

....

Mes notes

Partie 3 LES INCONTOURNABLES

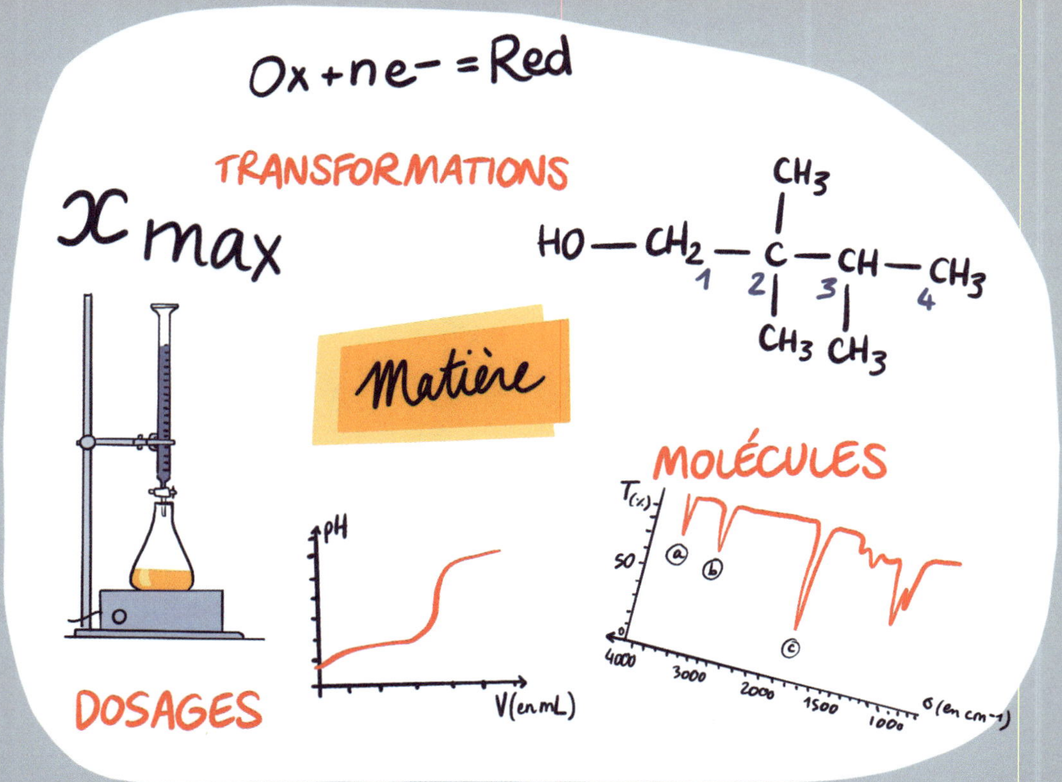

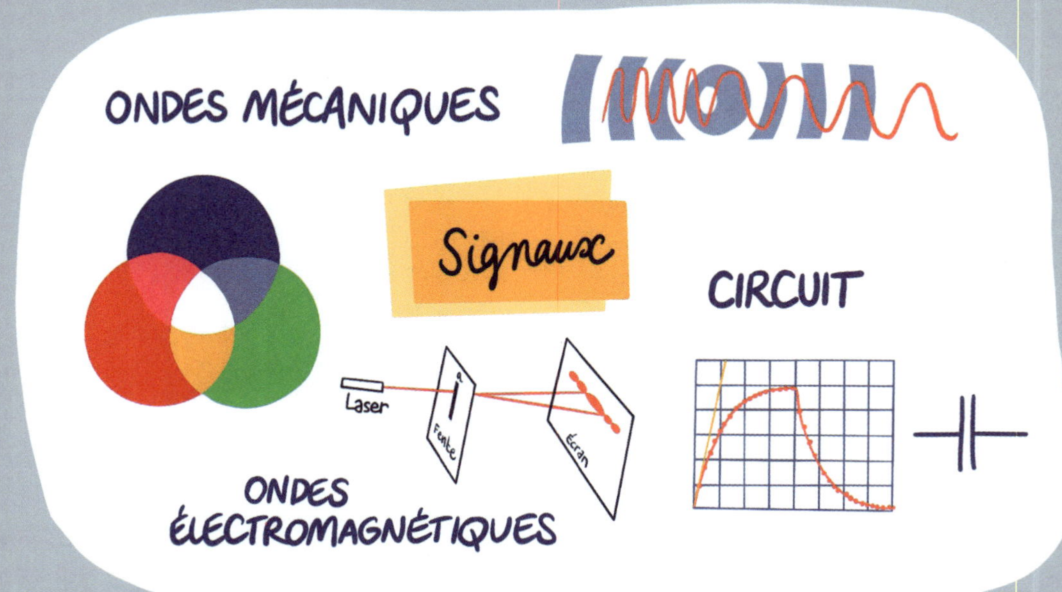

TRANSFERTS THERMIQUES

Énergie

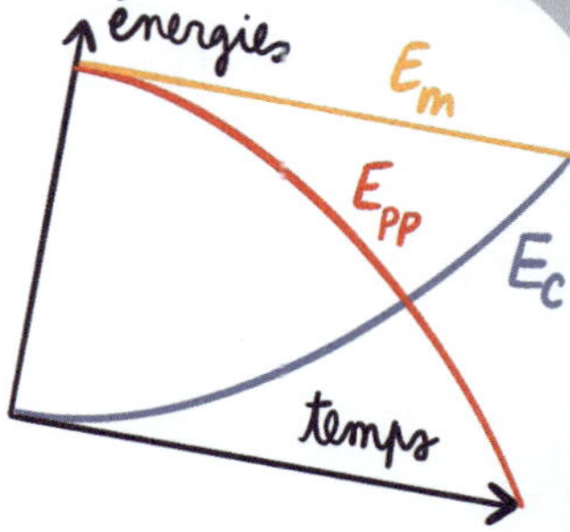

ÉNERGIE DU MOUVEMENT

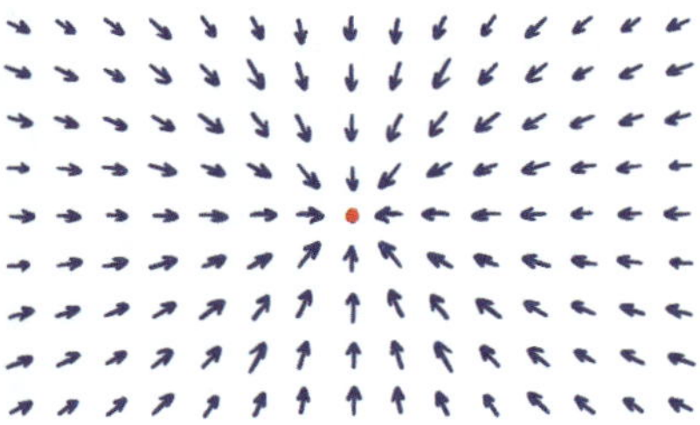

CHAMPS

Mouvement et interactions

NEWTON

KEPLER

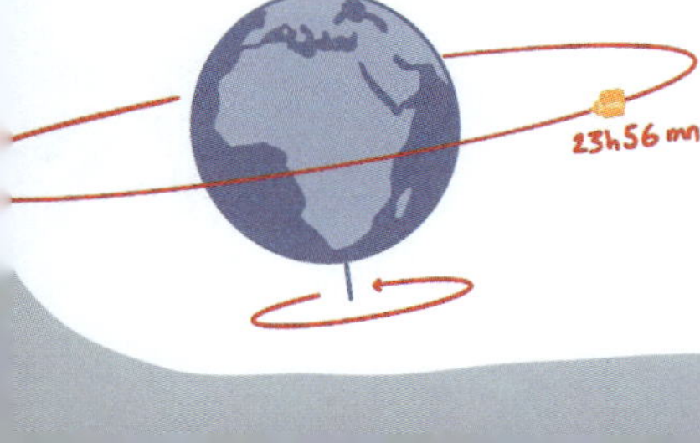

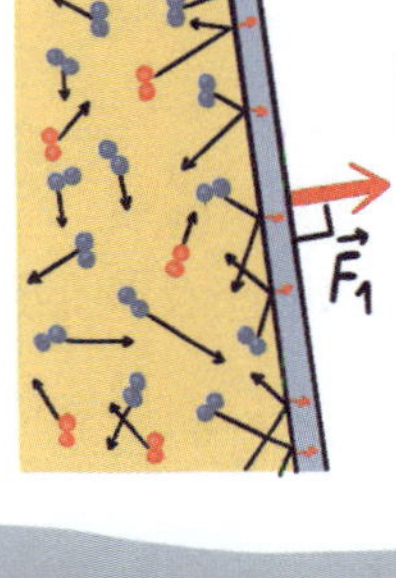

FLUIDES

49 Quantité de matière

Activité interactive
Quantité de matière
hatier-clic.fr/cpc076

➔ Fiche 2

Quantité de matière et masse

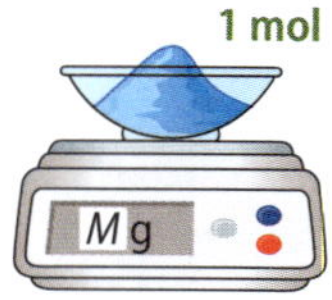

Balance tarée

- La **masse molaire atomique (en g·mol^{-1})** est la **masse d'une mole d'atomes**. La masse molaire moléculaire est égale à la somme des masses molaires atomiques des atomes de la molécule.
- La **masse molaire** M est le coefficient de proportionnalité entre la quantité de matière n et la masse m :

Quantité de matière (en mol) → n

Masse (en g) → m

$$m = n \times M \quad \text{ou} \quad n = \frac{m}{M}$$

Masse molaire (en g·mol^{-1}) → M

Remarque La masse m (en g) d'un volume V (en L) d'une espèce de masse volumique ρ (en g·L^{-1}) est : $m = \rho \times V$. La masse volumique ρ est liée à la densité d de l'espèce : $\rho = d \times \rho_{eau}$ d'où $m = d \times \rho_{eau} \times V$ avec $\rho_{eau} = 1\,000$ g·L^{-1}.

Quantité de matière et volume

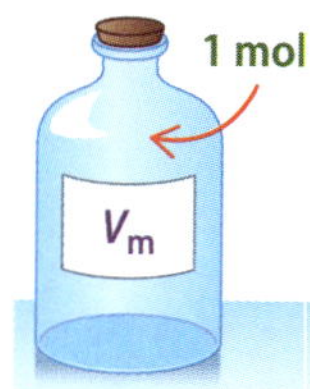

- Le **volume molaire** V_m **(en L·mol^{-1})** d'un gaz est le **volume occupé par une mole de gaz** pour une température et une pression données.
- Le **volume molaire** V_m est le coefficient de proportionnalité entre la quantité de matière n et le volume V de gaz :

Quantité de matière (en mol) → n

Volume (en L) → V

$$V = n \times V_m \quad \text{ou} \quad n = \frac{V}{V_m}$$

Volume molaire (en L·mol^{-1}) → V_m

À votre tour

1. Compléter le tableau.

➔ Tableau périodique

Espèce chimique	Cuivre $Cu_{(s)}$	Diode $I_{2\,(s)}$	Éthanol $C_2H_6O_{(\ell)}$	Dioxygène $O_{2\,(g)}$
M (en g·mol^{-1})	....	....	....	....
m (en g)	1,3	....	....	3,2
n (en mol)	....	$1{,}3 \times 10^{-3}$	0,40	....

2. Calculer le volume de dioxygène correspondant ($V_m = 24$ L·mol^{-1}).

....

50 Concentrations en quantité de matière

Concentration en quantité de matière de soluté

- La **concentration en quantité de matière** de soluté dans une solution est la **quantité de matière de soluté dissous par litre** de cette solution :

$$C = \frac{n}{V}$$

Concentration en quantité de matière (en mol·L⁻¹) → C ; n : Quantité de matière de soluté (en mol) ; V : Volume de solution (en L)

- La concentration en quantité de matière de soluté est liée à sa concentration en masse : ➔ Fiche 3

$$C = \frac{C_m}{M} \quad \text{ou} \quad C_m = C \times M$$

Concentration en quantité de matière (en mol·L⁻¹) → C ; C_m : Concentration en masse (en g·L⁻¹) ; M : Masse molaire du soluté (en g·mol⁻¹)

Concentration en quantité de matière d'un ion

- La **concentration en quantité de matière d'un ion $[X^{n\pm}]$** est égale à la **concentration en quantité de matière de soluté apporté C multipliée par le nombre stœchiométrique** de l'ion dans l'équation de dissolution :

$$[X^{n\pm}] = \text{nombre stœchiométrique} \times C$$

Exemple : $K_3PO_{4(s)} \rightarrow 3\ K^+_{(aq)} + PO_4{}^{3-}{}_{(aq)}$: $[K^+] = 3 \times C$ et $[PO_4^{3-}] = C$

→ À votre tour

1. Compléter le tableau. ➔ Tableau périodique

Soluté dissous dans l'eau	Glucose $C_6H_{12}O_6$	Hydroxyde de sodium NaOH	Chlorure de magnésium $MgCl_2$
C (en mol·L⁻¹)	....	....	$2{,}0 \times 10^{-2}$
n (en mol)	$8{,}0 \times 10^{-2}$	....	$1{,}0 \times 10^{-3}$
V (en mL)	200	250	....
C_m (en g·L⁻¹)	....	4,0	....

2. Calculer la concentration en quantité de matière des ions magnésium $Mg^{2+}_{(aq)}$ et chlorure $Cl^-_{(aq)}$ de la solution aqueuse de chlorure de magnésium.

Donnée : $MgCl_{2\,(s)} \rightarrow Mg^{2+}_{(aq)} + 2\ Cl^-_{(aq)}$

....

51 Réactions d'oxydo-réduction

Couple oxydant/réducteur Ox/Red

Astuce
oxydAnt : gAgne
réductEur : pErd

- Dans un couple noté Ox/Red, le réducteur perd **un ou plusieurs électrons** tandis que l'**oxydant en gagne**.
- La **demi-équation** modélise la **réduction d'un oxydant en son réducteur conjugué** et réciproquement l'**oxydation d'un réducteur en son oxydant conjugué** :

Réduction (= gain d'électrons) →

$$\mathbf{Ox + n\ e^- = Red}$$ avec n le nombre d'électrons échangés

← Oxydation (= perte d'électrons)

Méthode

Pour établir une demi-équation, conserver :

1. le ou les éléments communs au couple ;
2. l'élément oxygène par ajout de molécules $H_2O_{(\ell)}$;
3. l'élément hydrogène par ajout d'ions $H^+_{(aq)}$;
4. la charge électrique par ajout d'électrons e^-.

Exemple

Couple $Cr_2O_7^{2-}/Cr^{3+}$

$$Cr_2O_7^{2-}{}_{(aq)} = 2\ Cr^{3+}{}_{(aq)}$$

$$Cr_2O_7^{2-}{}_{(aq)} = 2\ Cr^{3+}{}_{(aq)} + 7\ H_2O_{(\ell)}$$

$$Cr_2O_7^{2-}{}_{(aq)} + 14\ H^+{}_{(aq)} = 2\ Cr^{3+}{}_{(aq)} + 7\ H_2O_{(\ell)}$$

$$Cr_2O_7^{2-}{}_{(aq)} + 14\ H^+{}_{(aq)} + 6\ e^- = 2\ Cr^{3+}{}_{(aq)} + 7\ H_2O_{(\ell)}$$

Équation d'oxydo-réduction

Une réaction d'oxydo-réduction met en jeu un **transfert d'électrons entre le réducteur d'un couple** et l'**oxydant d'un autre couple**. Les électrons n'apparaissent pas dans l'équation établie en combinant les demi-équations des deux couples.

- Demi-équation du couple Ox_1/Red_1 : $Red_1 = Ox_1 + n_1\ e^-$ $\times\ n_2$
- Demi-équation du couple Ox_2/Red_2 : $Ox_2 + n_2\ e^- = Red_2$ $\times\ n_1$
- Équation d'oxydo-réduction : $n_2\ Red_1 + n_1\ Ox_2 \rightarrow n_2\ Ox_1 + n_1\ Red_2$

→ À votre tour

▸ Établir l'équation de la réaction entre $Fe^{2+}{}_{(aq)}$ et $MnO_4^-{}_{(aq)}$.

Données $Fe^{3+}{}_{(aq)}/Fe^{2+}{}_{(aq)}$ • $MnO_4^-{}_{(aq)}/Mn^{2+}{}_{(aq)}$

....

52 Réactions acide-base Tle

Couple acide/base AH/A⁻

On modélise la **transformation d'un acide en sa base conjuguée** et réciproquement de la **base en son acide conjugué** par la **demi-équation** :

L'acide cède un ou plusieurs ions hydrogène (H^+)

Perte d'ion hydrogène

$$AH_{(aq)} = A^-_{(aq)} + H^+_{(aq)}$$

Gain d'ion hydrogène

La base gagne un ou plusieurs ions hydrogène (H^+)

Remarque
L'eau appartient à deux couples H_3O^+/H_2O et H_2O/HO^- : c'est une espèce **amphotère**.

Réaction acide–base

Une réaction acide–base met en jeu un **transfert d'ions hydrogène entre l'acide d'un couple et la base d'un autre couple**. L'équation de la réaction (ici non totale) s'obtient en combinant les demi-équations des deux couples en jeu :

$$A_1H_{(aq)} + A_2^-{}_{(aq)} = A_1^-{}_{(aq)} + A_2H_{(aq)}$$

À votre tour

▸ Établir l'équation de la réaction de l'eau sur elle-même appelée **autoprotolyse**.

....

Force des acides et des bases

➔ Fiche 54

Acide fort	Acide faible
• Réaction totale avec l'eau : $AH_{(aq)} + H_2O_{(\ell)} \rightarrow A^-_{(aq)} + H_3O^+_{(aq)}$	• Réaction non totale avec l'eau : $AH_{(aq)} + H_2O_{(\ell)} = A^-_{(aq)} + H_3O^+_{(aq)}$
• $\tau \approx 1$	• $\tau < 1$

• Un couple acide faible/base faible est caractérisé par sa **constante d'acidité** :

$$K_A = \frac{[A^-]_{éq}\,[H_3O^+]_{éq}}{[AH]_{éq}} \quad \text{ou} \quad \boldsymbol{K_A = 10^{-pK_A}} \quad \text{ou} \quad \boldsymbol{pK_A = -\log K_A}.$$

➔ Fiche 45

Plus le pK_A est petit (K_A grand), plus l'acide est fort.

À votre tour

1. Former les couples acide faible/base faible : CO_2, H_2O ; NH_4^+ ; HCO_3^- ; NH_3.

....

2. Établir les équations des réactions de ces acides faibles avec l'eau.

....

53 Tableau d'avancement et composition à l'état final

Tableau d'avancement

Un tableau d'avancement décrit **l'évolution des quantités de matière** des réactifs et des produits lors d'une transformation à l'aide de l'**avancement** x exprimé en **moles**.

Quantités de matière initiales des réactifs

Équation de la réaction		$a\,A + b\,B \rightarrow c\,C + d\,D$			
État du système	**Avancement** (en mol)	**Quantité de matière** (en mol)			
État initial	$x = 0$	$n_i(A)$	$n_i(B)$	0	0
État intermédiaire	x	$n_i(A) - ax$	$n_i(B) - bx$	$0 + cx$	$0 + dx$
État final	$x = x_f$	$n_i(A) - ax_f$	$n_i(B) - bx_f$	$0 + cx_f$	$0 + dx_f$

Les quantités de matière des réactifs diminuent (signe –)

Celles des produits augmentent (signe +)

Remarque Pour une espèce en large excès, on indique « excès » dans la colonne correspondante.

Composition à l'état final pour une transformation totale

- Pour une **transformation totale**, au moins **un des réactifs est entièrement consommé** : c'est le **réactif limitant**. ➔ Fiche 4

Dans ce cas, **l'avancement final x_f est égal à l'avancement maximal x_{max}**.

Méthode

1. Supposer que chaque réactif est limitant et résoudre les équations.

➔ Fiche 35

2. Comparer les valeurs obtenues : **x_{max} est la plus petite valeur**, elle correspond au **réactif limitant**.

Exemple

Hypothèse : A est le réactif limitant d'où

$n_i(A) - ax_{max} = 0$ soit $x_{max} = \dfrac{n_i(A)}{a}$.

Hypothèse : B est le réactif limitant d'où

$n_i(B) - bx_{max} = 0$ soit $x_{max} = \dfrac{n_i(B)}{b}$.

Si $\dfrac{n_i(A)}{a} < \dfrac{n_i(B)}{b}$ alors A est le réactif limitant.

Si $\dfrac{n_i(B)}{b} < \dfrac{n_i(A)}{a}$ alors B est le réactif limitant.

- Pour **déterminer la composition à l'état final**, il faut **calculer les quantités de matière** des réactifs et des produits à partir de x_{max}.
- Dans le cas d'un **mélange stœchiométrique**, les quantités de matière initiales des réactifs sont dans les **proportions de leurs nombres stœchiométriques** :

$$\frac{n_i(A)}{a} = \frac{n_i(B)}{b}$$

À l'état final, **tous les réactifs sont entièrement consommés** (x_{max} a la même valeur) et seuls les produits et les éventuelles espèces spectatrices sont présents.

À votre tour

1. Compléter le tableau d'avancement.

Équation de la réaction		$2\ Al_{(s)}$	$+\ Fe_2O_{3\ (s)}$	$\rightarrow 2\ Fe_{(s)}$	$+\ Al_2O_{3\ (s)}$
État du système	Avancement (en mol)	Quantité de matière (en mol)			
État initial	$x = 0$	....	....	....	....
État intermédiaire	x	....	....	....	....
État final	$x = x_f$	....	....	....	....

2. Compléter le tableau.

Équation de la réaction	$2\ Al_{(s)} + 6\ H^+_{(aq)} \rightarrow 2\ Al^{3+}_{(aq)} + 3\ H_{2(g)}$		
Quantité de matière (en mol)	$n_i(Al) = 3{,}0 \times 10^{-2}$ $n_i(H^+) = 1{,}0 \times 10^{-2}$	$n_i(Al) = 3{,}0 \times 10^{-2}$ $n_i(H^+) = 1{,}2 \times 10^{-1}$	$n_i(Al) = 3{,}0 \times 10^{-2}$ $n_i(H^+) = 9{,}0 \times 10^{-2}$
x_{max} (en mol)	....	....	....
Réactif limitant	....	....	....
Composition à l'état final (quantité de matière en mol)	....	....	....

3. L'équation de la réaction entre le dioxygène et le fer, dont la quantité de matière initiale est $n_i(Fe) = 0{,}30$ mol, est : $3\ Fe_{(s)} + 2\ O_{2\ (g)} \rightarrow Fe_3O_{4\ (s)}$.

▶ Calculer la quantité de matière initiale de dioxygène pour obtenir un mélange stœchiométrique.

....

54 Équilibre chimique et évolution spontanée Tle

Le signe = traduit la coexistence des deux réactions inverses conduisant à l'équilibre.

Équilibre chimique

On modélise une transformation non totale par l'équation :

$$a\,A + b\,B = c\,C + d\,D$$

Transformation non totale

$x_f < x_{max}$

Taux d'avancement final : $\tau = \dfrac{x_f}{x_{max}} < 1$

Quotient de réaction Q_r (sans unité) : $Q_r = \dfrac{[C]^c \times [D]^d}{[A]^a \times [B]^b}$

Nombre sans unité égal au rapport $\dfrac{[\text{espèce}]}{c^0}$ avec $c^0 = 1\ \text{mol}\cdot\text{L}^{-1}$

Équilibre chimique

Les réactifs et produits sont présents à des concentrations constantes.

$$Q_{r,éq} = K = \frac{[C]_{éq}^{\,c} \times [D]_{éq}^{\,d}}{[A]_{éq}^{\,a} \times [B]_{éq}^{\,b}}$$

Constante d'équilibre

τ « tau » est une lettre minuscule grecque.

Remarque Si l'espèce est un solvant (cas de l'eau) ou un solide, alors [espèce] = 1.

À votre tour

1. Écrire la constante d'équilibre associée à l'équation $2\ H_2O_{(\ell)} = H_3O^+_{(aq)} + HO^-_{(aq)}$.
Cette constante, notée K_e, est le **produit ionique de l'eau**.

....

2. Écrire la constante d'équilibre K associée à l'équation
$CH_3COOH_{(aq)} + H_2O_{(\ell)} = CH_3COO^-_{(aq)} + H_3O^+_{(aq)}$.
Vérifier que $K = K_A = 1{,}8 \times 10^{-5}$. *Donnée* $pK_A = 4{,}75$

➔ Fiche 52

....

Évolution spontanée

Un système évolue spontanément vers l'état d'équilibre. Pour **prévoir son évolution**, on compare le quotient de réaction Q_r et la constante d'équilibre K.

$Q_r < K$	$Q_r = K$	$Q_r > K$	Q_r
Le système évolue dans le sens direct (de gauche à droite).		Le système évolue dans le sens inverse (de droite à gauche).	

55 Suivi temporel d'une transformation chimique Tle

Vitesse volumique

Soit une transformation modélisée par l'équation $a\,A + b\,B \rightarrow c\,C + d\,D$.
On définit pour un mélange réactionnel de volume V constant

la vitesse volumique (à la date t) de disparition du réactif A ou B

$$v_d(t) = -\frac{d[\text{réactif}](t)}{dt}$$

la vitesse volumique (à la date t) d'apparition d'un produit C ou D

$$v_a(t) = \frac{d[\text{produit}](t)}{c\,t}$$

Dérivée de la concentration (en mol·L^{-1}) par rapport au temps (en s)

Remarques
- $v_d(t)$ ou $v_a(t)$ est en mol·L^{-1}·s^{-1}.
- Un réactif étant consommé, la dérivée de sa concentration par rapport au temps est négative donc $v_d(t)$ est positive.

• Détermination graphique

➔ Fiches 38 et 46

$\frac{d[\text{réactif}](t)}{dt}$ ou $\frac{d[\text{produit}](t)}{dt}$ est égal au coefficient directeur à l'instant t de la tangente à la courbe [réactif] = $f(t)$ ou [produit] = $f(t)$.

À votre tour

▸ Calculer à partir du graphique ci-contre la vitesse volumique de disparition de l'eau oxygénée à t = 20 s.

Donnée $2\,H_2O_{2\,(aq)} \rightarrow 2\,H_2O_{(\ell)} + O_{2\,(g)}$

....

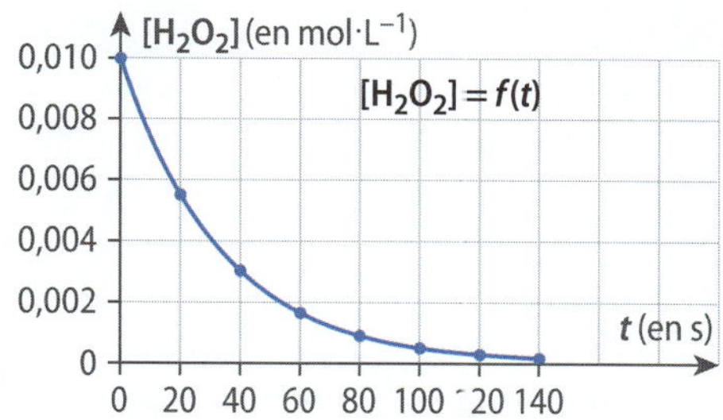

Facteurs cinétiques

Température θ	Concentration des réactifs
Si θ↗ alors $v_d(t)$ ou $v_a(t)$↗	Si [réactif]↗ alors $v_d(t)$ ou $v_a(t)$↗

Remarque Lorsqu'on introduit un catalyseur dans le milieu réactionnel, la vitesse volumique augmente. Celui-ci n'est pas consommé et ne modifie pas l'état final du système.

56 Dosages par étalonnage

Lors d'un dosage, on détermine la **concentration en quantité de matière ou la concentration en masse** d'une espèce dans une solution.

Principe d'un dosage par étalonnage

- Il s'agit de **mesurer une grandeur physique donnée** :
  – pour des **solutions étalons** contenant la **même espèce que celle dosée à des concentrations connues différentes** ;
  – pour la **solution contenant l'espèce dosée**.
- Différentes étapes d'un dosage par étalonnage :

❶ Préparer par dilution des solutions étalons. ➲ Fiche 21

❷ Mesurer la grandeur physique pour chaque solution étalon.

❸ Tracer et modéliser la courbe d'étalonnage. ➲ Fiches 37, 38 et 39

❹ Mesurer, dans les mêmes conditions, la grandeur physique pour la solution contenant l'espèce dosée.

❺ Déterminer la concentration de l'espèce dosée à partir de l'équation de modélisation ou par lecture graphique.

Dosage colorimétrique d'une espèce colorée

Mesurer l'**absorbance *A*** pour chaque solution étalon. ➲ Fiche 24

Validité La coloration doit être due à une espèce unique avec $C < 10^{-2}$ mol·L^{-1} pour vérifier la loi.

Tracer la courbe d'étalonnage ***A*** = ***f*(*C*)** :
– **droite passant par l'origine** ;
– l'absorbance ***A* est proportionnelle** à la **concentration *C*** en quantité de matière de l'espèce colorée. ➲ Fiche 33

La courbe d'étalonnage vérifie la **loi de Beer-Lambert** :

$$A = k \times C$$

(A sans unité ; k en L·mol^{-1} ; C en mol·L^{-1})

Cette loi est aussi valable avec la concentration en masse (C_m en g·L^{-1} et k en L·g^{-1}).

À votre tour

À partir des absorbances de solutions étalons dont la concentration C en quantité de matière de diiode est connue, on trace la courbe d'étalonnage $A = f(C)$. ➔ Fiche 37

1. Modéliser la courbe d'étalonnage.

....

....

2. L'absorbance d'une solution de concentration C' en quantité de matière de diiode inconnue est $A = 0{,}60$.

▸ Déterminer, par deux méthodes, la concentration C' en quantité de mat ère de diiode.

....

....

Dosage conductimétrique d'une espèce ionique Tle

Mesurer la **conductivité σ** pour chaque solution étalon. ➔ Fiche 23

σ « sigma » est une lettre minuscule grecque.

Tracer la courbe d'étalonnage $\sigma = f(C)$
– **droite passant par l'origine** ;
– la conductivité **σ est proportionnelle à concentration C** en quantité de matière de l'espèce ionique.

➔ Fiche 33

↔

La courbe d'étalonnage vérifie la **loi de Kohlrausch** :

$$\sigma = k \times C$$

- σ : mS·cm^{-1} (ou µS·cm^{-1})
- k : mS·L·mol^{-1}·cm^{-1} (ou µS·L·mol^{-1}·cm^{-1})
- C : en mol·L^{-1}

Validité La conductivité doit être due à une espèce unique avec $C < 10^{-2}$ mol·L^{-1} pour vérifier la loi.

À votre tour

➔ Fiche 39

À partir des conductivités des solutions étalons dont la concentration C en quantité de matière de chlorure de sodium est connue, on trace la courbe d'étalonnage $\sigma = f(C)$.
La modélisation de la courbe d'étalonnage est une droite d'équation $\sigma = 95\,690 \times C$.
▸ Déterminer la concentration C' en quantité de matière de chlorure de sodium d'une solution dont la conductivité est $\sigma = 400$ µS·cm^{-1}.

....

57 Titrages

Simulateur
Titrage
hatier-clic.fr/cpc086

Principe d'un titrage

➔ Fiche 22

- C'est une technique de dosage qui s'appuie sur la réaction entre un réactif titré dont on cherche la quantité de matière (pour, si nécessaire, en déduire sa concentration) et un réactif titrant dont on connaît la concentration.
- La **réaction** support du titrage doit être **rapide, totale et unique** (l'espèce titrée ne réagit qu'avec l'espèce titrante).

Remarque Il peut s'agir d'une réaction d'oxydo-réduction ou d'une réaction acide-base.

➔ Fiches 51 et 52

Définition de l'équivalence

À l'équivalence du titrage du réactif titré A par le réactif titrant B dont l'équation de la réaction du titrage est :

$a\,A + b\,B \rightarrow c\,C + d\,D$

→ $V_{titrant} = V_E$

$V_{titrant}$: volume versé de réactif titrant

V_E : volume équivalent

→ Les réactifs titrant et titré sont introduits dans les **proportions des nombres stœchiométriques** : ils sont entièrement consommés.

$$\frac{n_i(A)}{a} = \frac{n_E(B)}{b} \text{ soit } \frac{C_A \times V_A}{a} = \frac{C_B \times V_E}{b}$$

Remarque Pour $V_{titrant} < V_E$, le réactif limitant est l'espèce titrante, pour $V_{titrant} > V_E$, c'est l'espèce titrée.

Titrage avec suivi colorimétrique

L'équivalence est repérée par un **changement de couleur**.

Réactif coloré	La coloration
titré	disparaît
titrant	apparaît

Remarque Si les réactifs sont incolores, on ajoute un indicateur coloré. Pour un indicateur acido-basique, le pH à l'équivalence doit être dans sa zone de virage.

À votre tour

On titre un volume $V_1 = 20{,}0$ mL d'une solution incolore de concentration C_1 en ions Fe^{2+} par une solution violette de concentration $C_2 = 5{,}0 \times 10^{-3}$ mol·L^{-1} en ions MnO_4^-.
On observe un changement de couleur pour un volume $V_E = 12$ mL. L'équation de la réaction de titrage est : $5\,Fe^{2+}_{(aq)} + MnO^-_{4\,(aq)} + 8\,H^+_{(aq)} \rightarrow 5\,Fe^{3+}_{(aq)} + Mn^{2+}_{(aq)} + 4\,H_2O_{(\ell)}$.

1. Indiquer comment repérer l'équivalence.

....

2. Calculer la concentration C_1 des ions Fe^{2+}.

....

Titrage avec suivi pH-métrique Tle

➔ Fiche 23

- La réaction support du titrage est une **réaction acide-base**.
- L'équivalence, repérée par une **brusque variation du pH (saut de pH)**, peut être déterminée par :

– la **méthode des tangentes** ; – la **méthode de l'extrémum de la dérivée.**

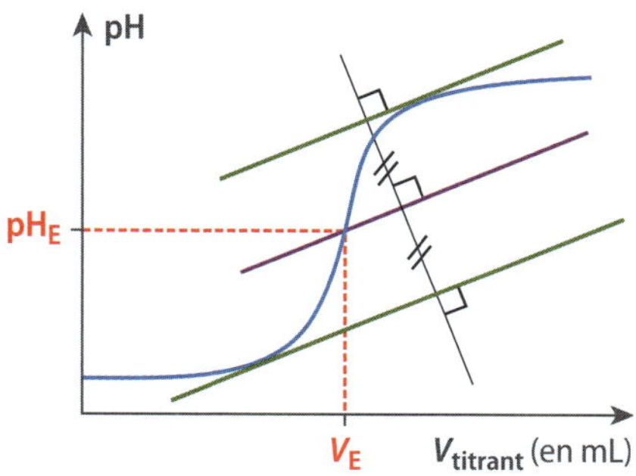

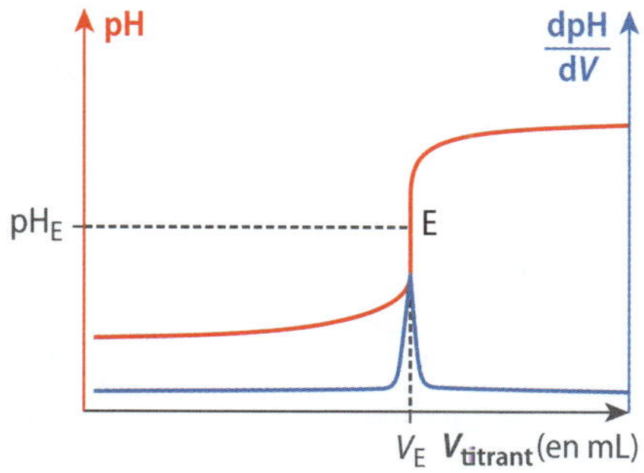

→ À votre tour

On titre un volume V_B = 20,0 mL d'une solution d'ammoniac $NH_{3\,(aq)}$ par une solution d'acide nitrique ($H_3O^+_{(aq)}$, $NO_3^-{}_{(aq)}$) de concentration $C_A = 3{,}0 \times 10^{-2}$ mol·L^{-1}. L'équation de la réaction de titrage est :

$$NH_{3\,(aq)} + H_3O^+_{(aq)} \rightarrow NH_4^+{}_{(aq)} + H_2O_{(\ell)}$$

▸ Calculer la concentration C_B de l'ammoniac.

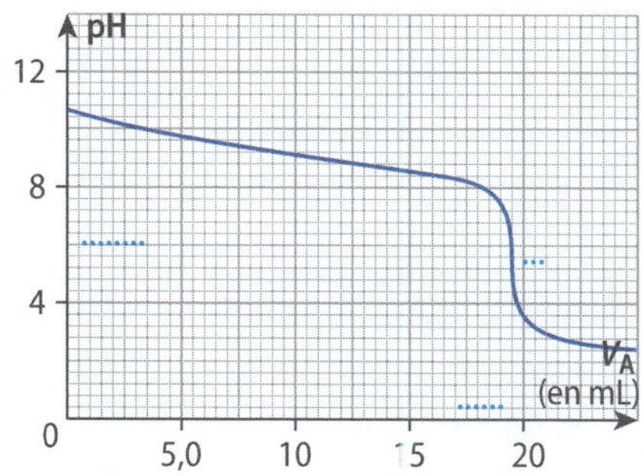

....

....

Titrage avec suivi conductimétrique Tle

➔ Fiche 23

- La réaction support du titrage est une **réaction mettant en jeu des ions.**
- L'équivalence est repérée par **un point de rupture de pente** de la courbe d'évolution de la conductivité σ en fonction du volume de réactif titrant versé.

σ « sigma » est une lettre minuscule grecque.

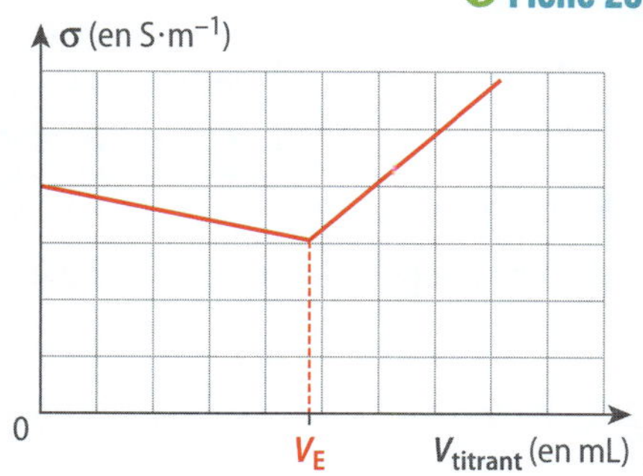

58 Géométrie et polarité d'une entité

Géométrie d'une entité

➔ Fiche 1

La géométrie d'une entité se détermine à partir de son schéma de Lewis.
Les doublets d'électrons de valence, **liants et non liants**, s'écartent au maximum pour **minimiser les répulsions.**

Linéaire* 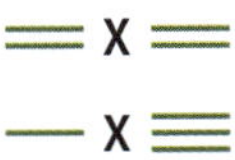	* Les molécules diatomiques sont linéaires.	
Triangulaire 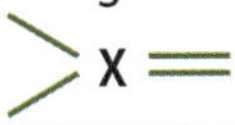	Coudée 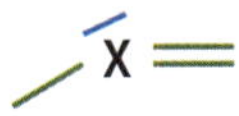	
Tétraédrique 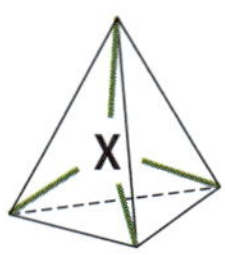	Pyramidale à base triangulaire 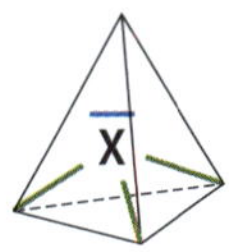	Coudée 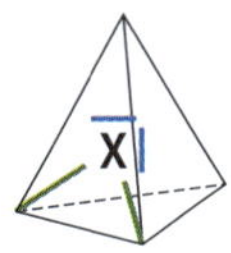

Polarité d'une entité

- Une liaison entre deux atomes différents est polarisée si la différence d'électronégativité entre les deux atomes est supérieure à 0,4. L'atome le plus électronégatif porte une charge partielle négative δ^-.

Liaisons polarisées

$\overset{\delta+}{C}\!\rightarrow\!-\overset{\delta-}{O}$; $\overset{\delta+}{H}\!\rightarrow\!-\overset{\delta-}{N}$

$\overset{\delta+}{H}\!\rightarrow\!-\overset{\delta-}{O}$; $\overset{\delta+}{C}\!\rightarrow\!-\overset{\delta-}{Cl}$

Liaison non polarisée

$C\!\rightarrow\!-H$

Y a-t-il au moins une liaison polarisée ?
- non → Molécule APOLAIRE
- oui → Les centres géométriques des charges partielles négatives et positives sont-ils distincts ?
  - non → Molécule APOLAIRE
  - oui → Molécule POLAIRE

À votre tour

➔ Fiche 1

1. Indiquer la géométrie de la molécule d'ammoniac NH_3.

....

2. La molécule d'ammoniac est-elle polaire ?

....

59 Molécules organiques

Une molécule organique comporte des atomes de carbone et d'hydrogène.

Formule semi-développée et structure

- La **formule semi-développée** indique les **liaisons** entre les atomes de la molécule **excepté celles impliquant les atomes d'hydrogène**.
- **L'enchaînement des atomes de carbone** forme une chaîne appelée **squelette carboné.**

Remarque Un squelette carboné est saturé si les liaisons carbone-carbone sont simples. Sinon, il est insaturé. Il peut être linéaire, ramifié ou cyclique.

Exemples :

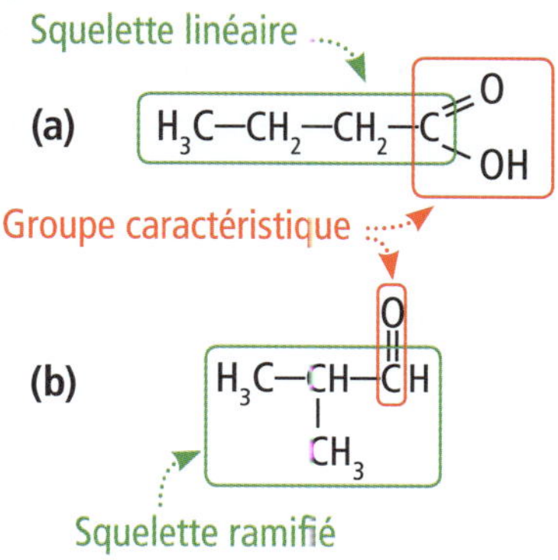

- Un **groupe caractéristique** indique **l'appartenance à une famille.**

Groupe	Formule	Famille
Hydroxyle	—OH	Alcool
Carbonyle		Aldéhyde (groupe lié à un hydrogène) Cétone (groupe lié à deux carbones)
Carboxyle	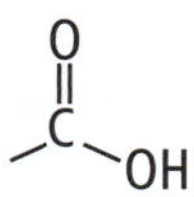	Acide carboxylique

Tle

Groupe	Formule	Famille
Ester	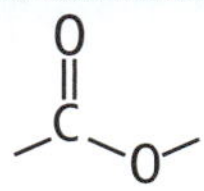	Ester
Amine	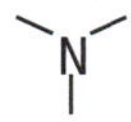	Amine
Amide	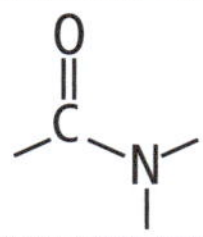	Amide
Halogéno-alcane	—X avec X : F, Cl, Br ou I	Halogéno-alcane

Formule topologique Tle

Le **squelette carboné** est représenté par une **ligne brisée** avec les éventuelles ramifications. Les **atomes des liaisons C–C et C–H ne sont pas représentés**.

Exemples : pour les molécules précédentes

(a) 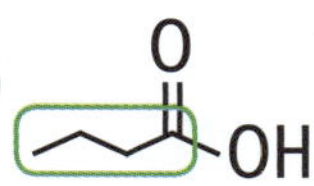

(b) 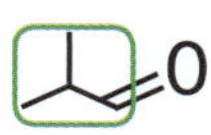

→ À votre tour

▸ Identifier les groupes caractéristiques et familles des molécules **(a)** et **(b)** ci-dessus.

....

60 Nomenclature des molécules organiques

Tuto
Nomenclature des molécules organiques
hatier-clic.fr/cpc090

➔ Fiche 59

1. Identifier le **groupe caractéristique**. Indiquer la **composition du nom** associé à la **famille** correspondante.

Famille	Nom
Alcool	…ol
Aldéhyde	…al
Cétone	…one
Acide carboxylique	acide …oïque

Tle

Famille	Nom
Ester	…oate d'(alk)yle
Amine	…amine
Amide	…amide
Halogéno-alcane	fluoro…e chloro…e bromo…e iodo…e

Le nom d'une amine ou d'un amide substitué par un groupe alkyle est précédé de N-alkyl.

2. Numéroter la **chaîne carbonée la plus longue** contenant le **groupe caractéristique** afin qu'il ait le **plus petit numéro**. Indiquer son **nom**, lié au **nombre d'atomes de carbone**.

Nombre d'atomes	1	2	3	4
Nom	méthan…	éthan…	propan…	butan…

Nombre d'atomes	5	6	7	8
Nom	pentan…	hexan…	heptan…	octan…

Numéroter le groupe alkyle d'un ester à partir de l'atome de carbone lié à l'oxygène.

3. Nommer les **groupes alkyles** : leur **nom** est donné par le **nombre d'atomes de carbone** en remplaçant **-an** par **-yl**.

Utiliser un préfixe (di, tri, etc.) si un groupe est présent plusieurs fois.

4. Nommer la **molécule** en indiquant **dans l'ordre** :
– les **positions** et **noms** des **groupes alkyles** par ordre alphabétique (sans tenir compte du préfixe éventuel) ;
– le nom de la **chaîne la plus longue** ;
– la **position du groupe** et le **nom de la famille**.

Remarque
Ne pas indiquer la position 1 d'un groupe caractéristique en extrémité de chaîne.

Exemples :

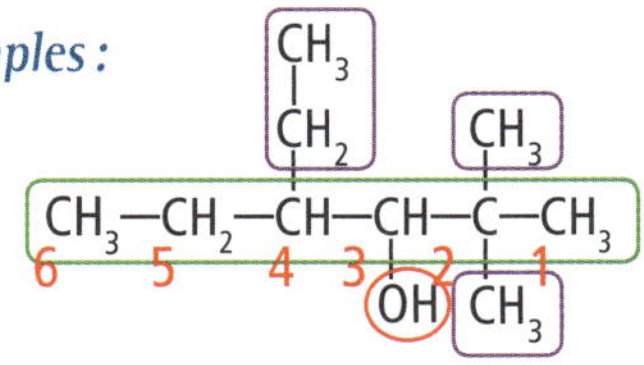

4-éthyl-2,2-diméthylhexan-3-ol

Deux chiffres sont séparés par une virgule, un chiffre et une lettre par un tiret.

Tle

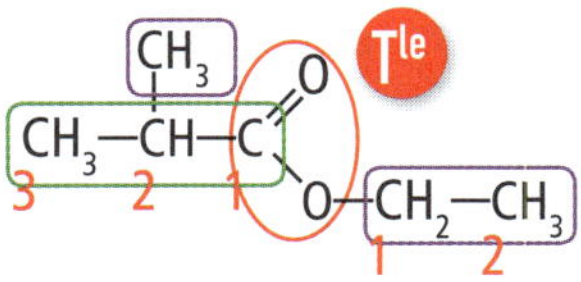

2-méthylpropanoate d'éthyle

À votre tour

1. Justifier le nom des molécules organiques suivantes.

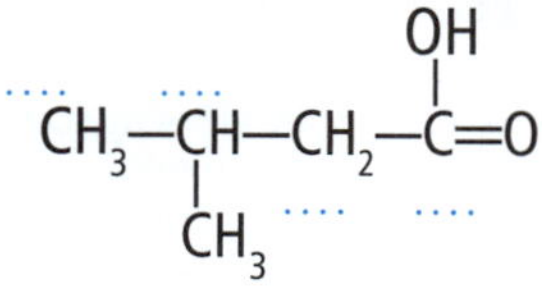

acide 3-méthylbutanoïque

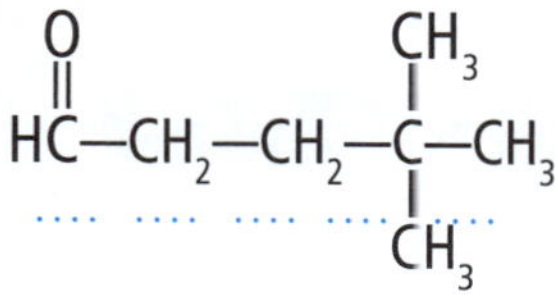

4,4-diméthylpentanal

2. Corriger le nom des molécules organiques suivantes.

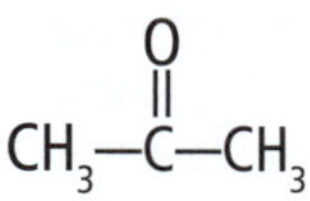

Propan-2-al

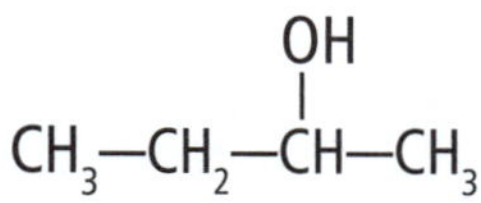

Butan-3-ol

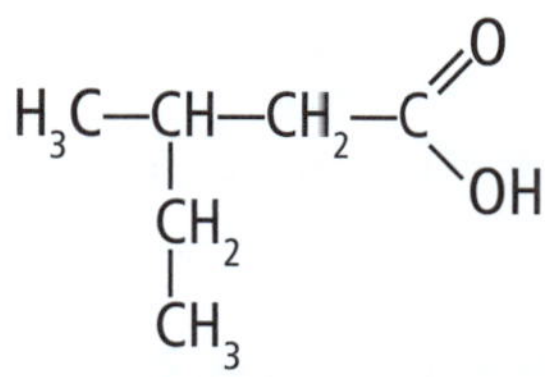

Acide 3-éthylbutanoïque

3. Nommer les molécules organiques suivantes. Tle

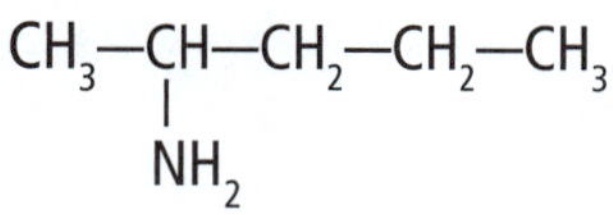

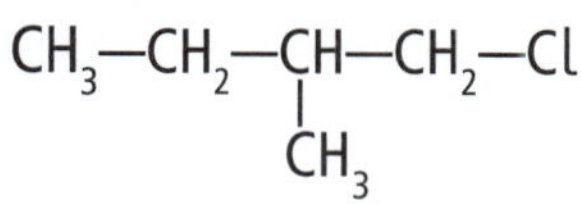

4. Représenter les formules semi-développées des molécules organiques suivantes. Tle

- Éthanoate de 3-méthylbutyle
- N-méthyléthanamide

61 Spectroscopie infrarouge

➔ Fiches 59 et 60

Certaines liaisons absorbent les radiations infrarouges auxquelles elles sont soumises, provoquant l'apparition de bandes d'absorption sur un spectre infrarouge.

Allure d'un spectre IR

T = 100 % : absence d'absorption.

T diminue s'il y a absorption (bandes vers le bas).

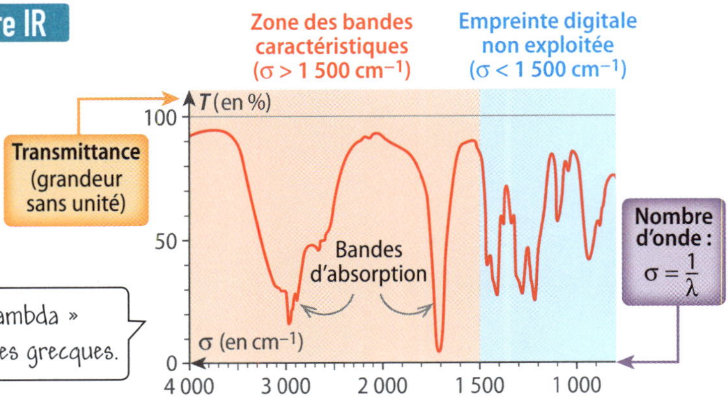

σ « sigma » et λ « lambda » sont des lettres minuscules grecques.

- Bandes d'absorption caractéristiques :

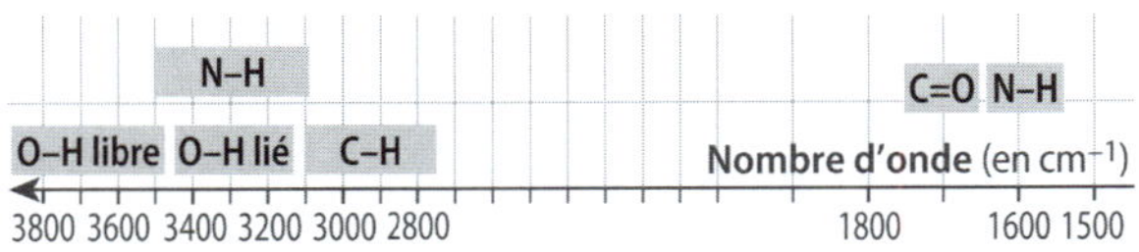

Remarques • Une liaison O-H liée est impliquée dans un pont hydrogène.
• Bande caractéristique C–O à 1 200 cm^{-1} (dans l'empreinte digitale).

Identification de liaisons et familles

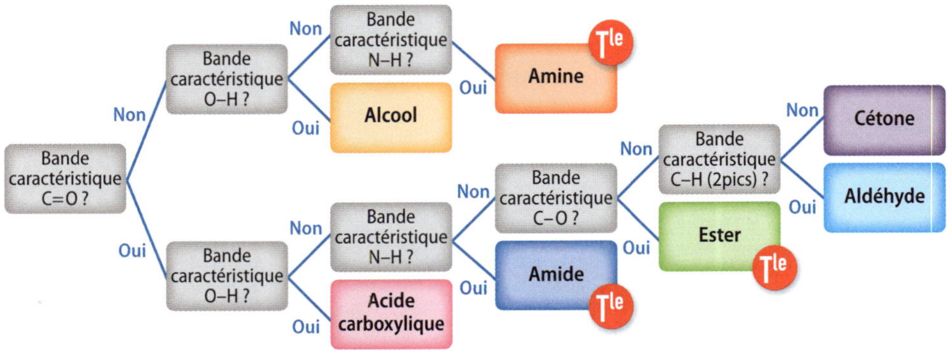

À votre tour

▸ Justifier que la molécule dont le spectre est donné ci-dessus comporte le groupe caractéristique carboxyle.

....

....

62 Désintégrations radioactives Tle

Différents types de radioactivité

Radioactivité

- **Transformation nucléaire spontanée** au cours de laquelle un **noyau radioactif** instable, appelé noyau père, **se désintègre** en un **noyau fils** et émet **une particule et/ou un rayonnement**.
- Équation de réaction :

Conservation du nombre de nucléons ($A_1 = A_2 + A_3$)

$$^{A_1}_{Z_1}X_1 \rightarrow \, ^{A_2}_{Z_2}X_2 + \, ^{A_3}_{Z_3}X_3$$

Conservation de la charge électrique ($Z_1 = Z_2 + Z_3$)

Radioactivité α

Émission d'une particule α $^{4}_{2}\mathbf{He}$ (= noyau d'hélium)

Radioactivité β^-

Émission d'un électron $^{0}_{-1}\mathbf{e}$

Radioactivité β^+

Émission d'un positron $^{0}_{1}\mathbf{e}$

Radioactivité γ

Émission d'un rayonnement γ lors d'une désexcitation

α « alpha », β « bêta » et γ « gamma » sont des lettres minuscules grecques.

Remarque
La radioactivité β^+ concerne des noyaux artificiels.

Remarque
L'équation d'une désexcitation s'écrit :

$$^{A_1}_{Z_1}X_1^* \rightarrow \, ^{A_1}_{Z_1}X_1 + \gamma$$

À votre tour Tableau périodique

▶ Identifier le type de radioactivité et compléter les équations de réaction.

a. …… : $^{11}_{6}C \rightarrow$ ……. $+ \, ^{0}_{1}e$ **b.** ……: $^{238}_{92}U \rightarrow \, ^{4}_{2}He +$ ………… **c.** ….. : $^{14}_{6}C \rightarrow \, ^{14}_{7}N +$…………

Loi de décroissance

Fiche 47

λ « lambda » est une lettre minuscule grecque.

- Le nombre de noyaux radioactifs diminue avec le temps.

$$N(t) = N_0 e^{-\lambda t}$$

Nombre de noyaux à la date t : $N(t)$; Nombre de noyaux à la date $t = 0$: N_0 ; Constante radioactive (en s^{-1}) : λ

- **Temps de demi-vie $t_{1/2}$** : durée au bout de laquelle $N = \frac{N_0}{2}$.

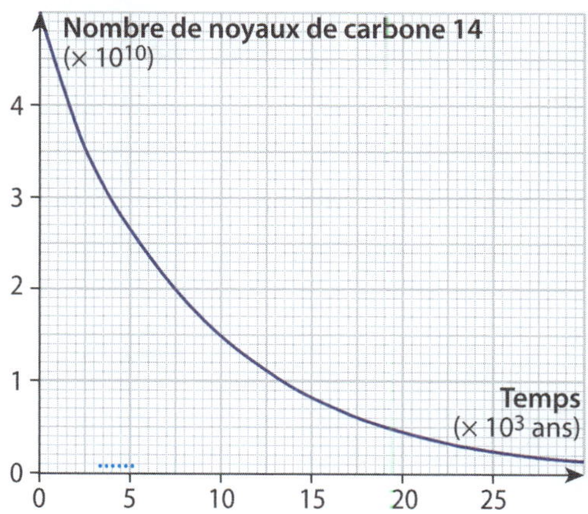

À votre tour

▶ Déterminer le temps de demi-vie du carbone 14.

……………………………………………………………

63 Comportement d'un fluide

Un fluide est un gaz ou un liquide constitué d'entités en mouvement incessant et désordonné. La pression, la température (liée à l'agitation des entités) et la masse volumique sont les grandeurs macroscopiques décrivant le comportement d'un fluide.

Force pressante et pression

Les chocs des entités d'un fluide sur une paroi sont à l'origine d'une **force pressante $\vec{F}$** :
– direction : **perpendiculaire à la paroi** ;
– sens : **du fluide vers la paroi** ;
– valeur :

$$F = P \times S$$

Valeur de la force pressante (en N) → F ; Pression (en Pa) → P ; Aire de la paroi (en m²) → S

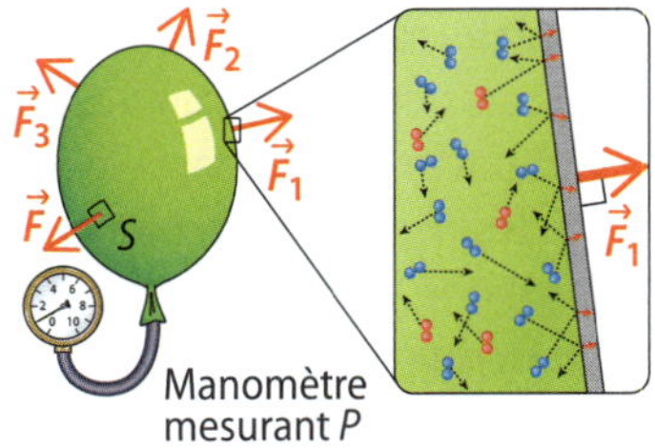

Remarque Un manomètre mesure la pression en bars : 1 bar = 10^5 Pa.

Loi de Mariotte

À **une température fixée** et pour **une quantité de matière de gaz donnée** :

$$P \times V = \text{constante}$$

Remarque Cette loi est valable quelles que soient les unités de la pression et du volume du gaz.

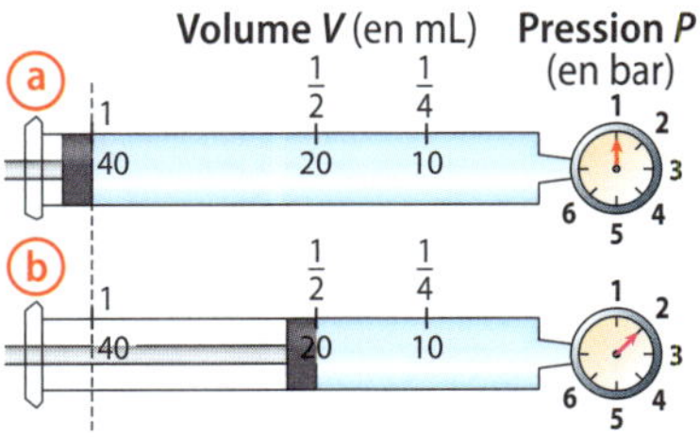

Loi fondamentale de la statique des fluides

➔ Fiche 40

La **différence de pression** ($P_1 - P_2$) entre les points M_1 et M_2 **d'un liquide est proportionnelle à la différence d'altitude** ($z_2 - z_1$) :

$$P_1 - P_2 = \rho \times g \times (z_2 - z_1)$$

P_1, P_2 en Pa ; ρ en kg·m⁻³ ; g en N·kg⁻¹ ; z_2, z_1 en m

ρ « rhô » est une lettre minuscule grecque.

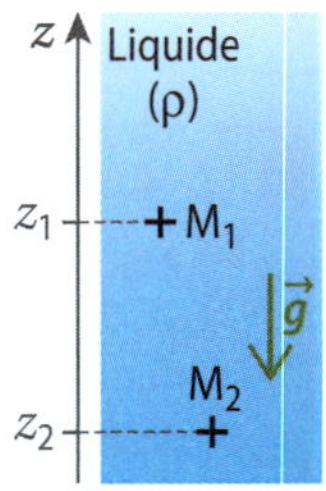

À votre tour

1. À la pression atmosphérique, le volume d'un ballon rempli de gaz est V_1 = 5,0 cm³.
▸ Calculer son volume V_2 dans une enceinte où la pression est divisée par 3.

....

2. La pression dans l'eau à 10 m de profondeur est égale à P_1 = 2,0 bar.
▸ Calculer la pression P_2 dans l'eau à 20 m de profondeur.
Données ρ_{eau} = 1 000 kg·m⁻³ • g = 10 N·kg⁻¹

....

Poussée d'Archimède Tle

Un système **totalement** ou **partiellement immergé** dans un fluide est soumis à la **poussée d'Archimède** exercée par le fluide :

$$\vec{F}_A = -\rho \times V \times \vec{g}$$

– direction : **verticale** ;
– sens : **vers le haut** ;
– valeur : **égale au poids du volume *V* de fluide déplacé.**

$$F_A = \rho \times V \times g$$

(F_A en N ; ρ en kg·m⁻³ ; V en m³ ; g en N·kg⁻¹)

→ À votre tour

▸ Représenter la poussée d'Archimède exercée par l'air sur un ballon (modélisé par le point G) de volume $V = 5\,100$ m³.

Données $\rho_{air} = 1{,}22$ kg·m⁻³ • échelle 1 cm ⟷ $4{,}0 \times 10^4$ N

.... × G

Écoulement en régime permanent d'un fluide incompressible Tle

• Le débit volumique (= volume de fluide écoulé à travers une section droite par unité de temps) se conserve.

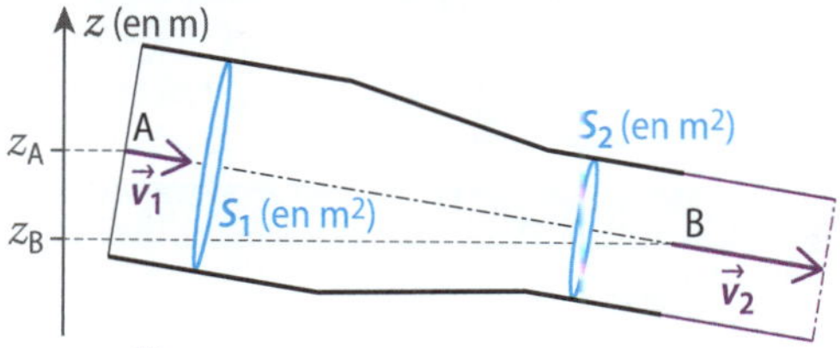

$$D_v = S \times v$$

(Débit volumique D_v en m³·s⁻¹ ; S : Aire de la section traversée par le fluide (en m²) ; v : Valeur de la vitesse du fluide (en m·s⁻¹))

Remarque Conservation du débit volumique entre les points A et B : $S_1 \times v_1 = S_2 \times v_2$ soit $S_2 < S_1$ d'où $v_2 > v_1$

• **Relation de Bernoulli :** sur une ligne de courant pour un fluide incompressible,

$$P + \rho \times g \times z + \frac{1}{2} \times \rho \times v^2 = \text{constante}$$

(P en Pa ; ρ en kg·m⁻³ ; g en N·kg⁻¹ ; z en m ; v en m·s⁻¹)

→ À votre tour

De l'eau s'écoule avec une vitesse $v_A = 1{,}0$ m·s⁻¹ dans un tuyau de section 10 cm².

1. Calculer la valeur de la vitesse v_B dans un étranglement de section 5,0 cm².

....

2. En déduire la différence de pression $(P_A - P_B)$ sur une ligne de courant horizontale.

....

64 Champ de gravitation et champ électrostatique

Fiche 41

Loi d'interaction gravitationnelle et loi de Coulomb

Loi d'interaction gravitationnelle Fiches 6 et 7	Forces attractives 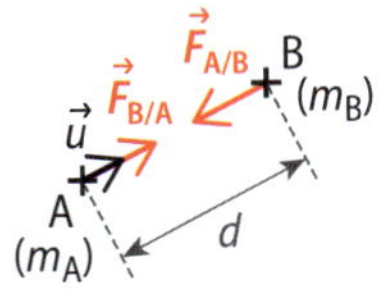	$\vec{F}_{A/B} = -G \times \frac{m_A \times m_B}{d^2}\vec{u}$ **Remarque** $\vec{u}$ est un vecteur unitaire dirigé de A vers B de norme égale à 1.
Loi de Coulomb (entre deux systèmes A et B immobiles de charges respectives q_A et q_B, séparés d'une distance d)	q_A et q_B de même signe : forces répulsives 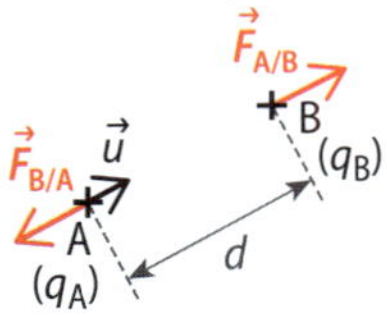 q_A et q_B de signes opposés : forces attractives	$\vec{F}_{A/B} = -\vec{F}_{A/B} = +k \times \frac{q_A \times q_B}{d^2}\vec{u}$ $F_{A/B} = F_{B/A} = k \times \frac{\|q_A\| \times \|q_B\|}{d^2}$ (en N ; en C ; en m) k : constante de Coulomb $k = 9{,}0 \times 10^9\ N{\cdot}m^2{\cdot}C^{-2}$

Champ de gravitation et champ électrostatique

Champ gravitationnel créé par une masse m_A en un point B	$\vec{\mathcal{G}} = \frac{\vec{F}_{A/B}}{m_B} = -G \times \frac{m_A}{d^2}\vec{u}$	• Même direction que $\vec{F}_{A/B}$ • Même sens que $\vec{F}_{A/B}$ • Valeur en $N{\cdot}kg^{-1}$ **Remarque** À la surface de la Terre, $\vec{\mathcal{G}}$ s'identifie au champ de pesanteur $\vec{g}$.
Champ électro-statique créé par une charge q_A en un point B	$\vec{E} = \frac{\vec{F}_{A/B}}{q_B} = +k \times \frac{q_A}{d^2}\vec{u}$	• Même direction que $\vec{F}_{A/B}$ • Sens vers q_A si $q_A < 0$, sinon sens contraire • Valeur en $N{\cdot}C^{-1}$ ou $V{\cdot}m^{-1}$

À votre tour

▸ Comparer les valeurs des forces d'interaction gravitationnelle et électrostatique s'exerçant entre un proton et un électron distants de $1{,}0 \times 10^{-10}$ m.

Données $m_p = 1{,}67 \times 10^{-27}$ kg • $m_e = 9{,}11 \times 10^{-31}$ kg • $e = 1{,}60 \times 10^{-19}$ C

....

....

65 Des vecteurs pour décrire le mouvement Tle

➔ Fiches 41 et 46

Dans le repère orthonormé $(O ; \vec{i}, \vec{j})$

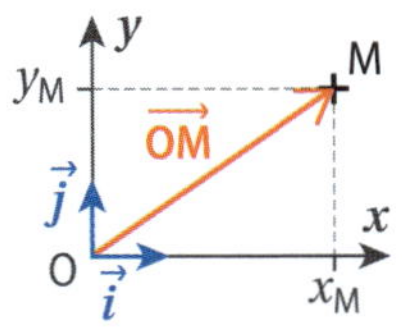

M se déplace au cours du temps donc ses coordonnées x_M et y_M dépendent de t.

Vecteur position	Vecteur vitesse	Vecteur accélération
$\overrightarrow{OM}\begin{pmatrix} x_M \\ y_M \end{pmatrix}$	$\vec{v} = \dfrac{d\overrightarrow{OM}}{dt}$	$\vec{a} = \dfrac{d\vec{v}}{dt}$
	$\vec{v}\begin{pmatrix} v_x \\ v_y \end{pmatrix}$ ou $\begin{pmatrix} \dfrac{dx}{dt} \\ \dfrac{dy}{dt} \end{pmatrix}$	$\vec{a}\begin{pmatrix} a_x \\ a_y \end{pmatrix}$ ou $\begin{pmatrix} \dfrac{dv_x}{dt} \\ \dfrac{dv_y}{dt} \end{pmatrix}$
	$\vec{v} = v_x\vec{i} + v_y\vec{j}$	$\vec{a} = a_x\vec{i} + a_y\vec{j}$
$\overrightarrow{OM} = x_M\vec{i} + y_M\vec{j}$	$\vec{v} = \dfrac{dx_M}{dt}\vec{i} + \dfrac{dy_M}{dt}\vec{j}$	$\vec{a} = \dfrac{dv_x}{dt}\vec{i} + \dfrac{dv_y}{dt}\vec{j}$

Dérivée par rapport au temps

Remarques
- Pour un mouvement rectiligne uniforme : $\vec{a} = \vec{0}$.
- Pour un mouvement rectiligne uniformément accéléré : $\vec{a} \cdot \vec{v} > 0$ ($\vec{a}$ et $\vec{v}$ ont même direction et même sens).

➔ Fiche 43

Cas du mouvement circulaire

Dans le repère de Frenet $(M ; \vec{t}, \vec{n})$ utilisé pour un mouvement circulaire de centre O et de rayon R.

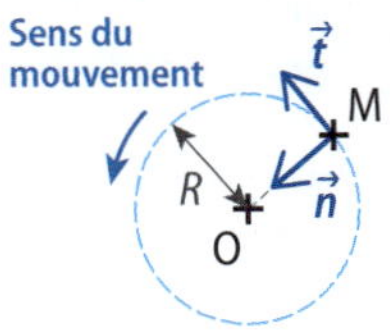

Vecteur vitesse	Vecteur accélération
$\vec{v}\begin{pmatrix} v_t = v \\ v_n = 0 \end{pmatrix}$	$\vec{a}\begin{pmatrix} a_t = \dfrac{dv}{dt} \\ a_n = \dfrac{v^2}{R} \end{pmatrix}$
$\vec{v} = v\vec{t}$	$\vec{a} = \dfrac{dv}{dt}\vec{t} + \dfrac{v^2}{R}\vec{n}$

Remarque Pour un mouvement uniforme $\vec{a} = \dfrac{v^2}{R}\vec{n}$: $\vec{a}$ est radial et centripète.

À votre tour

Les coordonnées du vecteur position d'un point M sont : $\overrightarrow{OM}\begin{pmatrix} x(t) = 2t^2 + 3t - 1 \\ y(t) = 5 \end{pmatrix}$.

▶ Déterminer les coordonnées des vecteurs vitesse et accélération.

....

....

66 Mouvement dans un champ uniforme Tle

Simulateur Newton
hatier-clic.fr/cpc098

➲ Fiche 5

Deuxième loi de Newton

Dans un **référentiel galiléen**, la **somme vectorielle des forces extérieures** appliquées à un système de masse *m* constante est égale au **produit de sa masse et de son vecteur accélération** : $\sum \vec{F}_{ext} = m\vec{a}$.

Mouvement dans un champ de pesanteur uniforme

Dans le référentiel terrestre supposé galiléen, un système de masse *m* modélisé par un point M est lancé dans le champ de pesanteur terrestre uniforme. ➲ Fiches 64 et 65

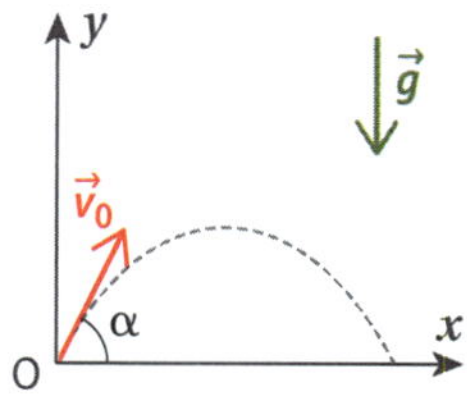

- **Déterminer les équations horaires du mouvement**

Ce sont les coordonnées des vecteurs vitesse et position.

Méthode

- **Choisir un repère** orthonormé $(O\,;\vec{i}\,,\vec{j})$ et **définir les conditions initiales** de l'étude à ***t* = 0.**

➲ Fiche 41

- **Faire le bilan des forces extérieures** s'exerçant sur le système et **appliquer la 2e loi de Newton** pour exprimer le vecteur accélération.

- **Projeter le vecteur accélération** dans le repère orthonormé $(O\,;\vec{i}\,,\vec{j})$ pour exprimer ses coordonnées.

- **Déterminer les primitives** pour exprimer les équations horaires du vecteur vitesse, les constantes étant données par les conditions initiales.

➲ Fiche 46

Exemple

À $t = 0$, le système est en O. Il est lancé avec une vitesse initiale de valeur v_0.
Le vecteur vitesse $\vec{v_0}$ est incliné d'un angle α avec l'horizontale.

$$\overrightarrow{OM_0}\begin{pmatrix} x_0 = 0 \\ y_0 = 0 \end{pmatrix} \text{ et } \vec{v_0}\begin{pmatrix} v_{0x} = v_0 \times \cos(\alpha) \\ v_{0y} = v_0 \times \sin(\alpha) \end{pmatrix}$$

Bilan des forces : le poids du système (l'action de l'air est négligeable).

D'après la 2e loi de Newton :

$$m\vec{g} = m\vec{a} \quad \text{donc} \quad \vec{a} = \vec{g}$$

$$\vec{a}\begin{pmatrix} a_x(t) = 0 \\ a_y(t) = -g \end{pmatrix}$$

$$\vec{v}\begin{pmatrix} v_x(t) = v_{0x} \\ v_y(t) = -gt + v_{0y} \end{pmatrix}$$

$$\text{d'où } \vec{v}\begin{pmatrix} v_x(t) = v_0\cos(\alpha) \\ v_y(t) = -gt + v_0\sin(\alpha) \end{pmatrix}$$

- Faire de même pour déterminer les équations horaires du vecteur position.

$$\overrightarrow{OM}\begin{pmatrix} x(t) = v_0\cos(\alpha)\ t + x_0 \\ y(t) = -\dfrac{1}{2}gt^2 + v_0\sin(\alpha)\ t + y_0 \end{pmatrix}$$

$$\text{d'où } \overrightarrow{OM}\begin{pmatrix} x(t) = v_0\cos(\alpha)\ t \\ y(t) = -\dfrac{1}{2}gt^2 + v_0\sin(\alpha)\ t \end{pmatrix}$$

Remarque Le mouvement est dans le plan (xOy).

- **Déterminer l'équation de la trajectoire $y = f(x)$**

Méthode

- **Extraire le temps t** de l'équation horaire $x(t)$.
- **Remplacer le temps t** dans l'équation horaire $y(t)$ pour établir l'équation de la trajectoire $y = f(x)$.

Exemple

$$x(t) = v_0\cos(\alpha)\ t \quad \text{d'où} \quad t = \frac{x(t)}{v_0\cos(\alpha)}$$

$$y(t) = -\frac{1}{2}gt^2 + v_0\sin(\alpha)\ t$$

$$\text{d'où } y(x) = -\frac{1}{2}g\frac{x^2}{(v_0\cos(\alpha))^2} + \tan(\alpha)\ x$$

Remarque L'équation de la trajectoire permet de déterminer la portée, c'est-à-dire la distance entre le point de lancement et l'impact au sol, en résolvant l'équation $y(x) = 0$. ➔ Fiche 35

→ À votre tour

▶ Établir les équations horaires du mouvement d'une balle de masse m, modélisée par un point M, lâchée d'une altitude h sans vitesse initiale (on néglige l'action de l'air).

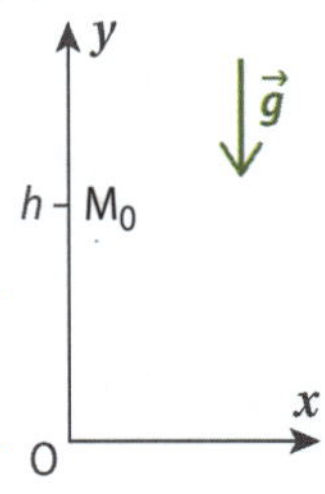

....

....

....

67 Mouvement dans un champ de gravitation Tle

Lois de Kepler (1re et 2e)

➔ Fiches 64, 65 et 66

Ces lois sont applicables à toute planète ou tout satellite autour d'un astre attracteur.

- **1re loi :** l'orbite d'une planète est une ellipse dont le Soleil occupe un des foyers.
- **2e loi :** le segment reliant le Soleil et la planète balaie des aires égales pendant des durées égales.

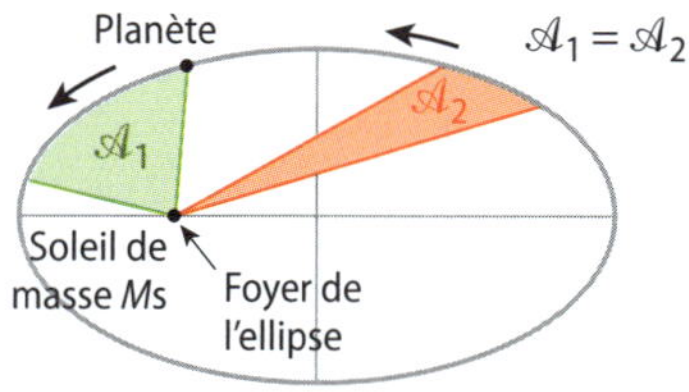

Troisième loi de Kepler dans le cas d'un mouvement circulaire

La trajectoire est un cercle de rayon r centré sur l'astre attracteur de masse M.

Méthode / **Exemple**

- **Exprimer la force d'interaction gravitationnelle** s'exerçant sur le système S dans le repère de Frenet.

▸ Dans le référentiel astrocentrique supposé galiléen, le système S de masse m est soumis à la force :

$$\vec{F}_{astre/S} = \frac{GmM}{r^2}\vec{n}.$$

- **Appliquer la 2e loi de Newton** et exprimer le vecteur accélération.

▸ D'après la 2e loi de Newton :

$$\frac{GmM}{r^2}\vec{n} = m\vec{a} \text{ d'où } \vec{a} = \frac{GM}{r^2}\vec{n}.$$

- Écrire **le vecteur accélération** dans **le repère de Frenet** et **identifier** membre à membre pour exprimer la vitesse.

▸ $$\vec{a} = \frac{dv}{dt}\vec{t} + \frac{v^2}{r}\vec{n}.$$

$\frac{dv}{dt} = 0$, donc le mouvement est uniforme.

$$\frac{GM}{r^2} = \frac{v^2}{r} \rightarrow v = \sqrt{\frac{GM}{r}}$$

- **Exprimer la période T** de révolution et **remplacer la vitesse** par son expression pour retrouver la 3e loi de Kepler.

▸ $$T = \frac{2\pi r}{v} = 2\pi r \times \sqrt{\frac{r}{GM}} \text{ soit } \frac{T^2}{r^3} = \frac{4\pi^2}{GM}$$

→ À votre tour

▸ Calculer l'altitude d'un satellite géostationnaire autour de la Terre.

Données $G = 6{,}67 \times 10^{-11}$ N·m²·kg⁻² • $R_T = 6\,380$ km • $M_T = 5{,}98 \times 10^{24}$ kg • $T = 86\,164$ s

....

68 Énergies du mouvement

➔ Fiche 8

Énergie et travail d'une force constante

Une force constante conserve la même direction, le même sens et la même valeur.

- Le **travail** $W_{AB}(\vec{F})$ d'une force constante $\vec{F}$ s'exerçant sur un système se déplaçant de A vers B est un mode de transfert d'énergie :

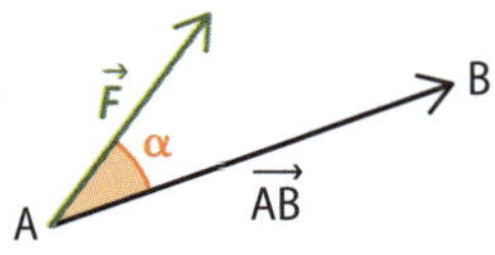

$$W_{AB}(\vec{F}) = \vec{F}\cdot\vec{AB} = F \times AB \times \cos(\alpha)$$

(W_{AB} en J ; F en N ; AB en m)

Si $W_{AB}(\vec{F})$ est indépendant (resp. dépendant) du chemin suivi, alors $\vec{F}$ est une force conservative (resp. non conservative).

- **Théorème de l'énergie cinétique**

Δ « delta » et Σ « sigma » sont des lettres majuscules grecques.

$$\Delta E_c = E_c(B) - E_c(A) = \Sigma W_{AB}(\vec{F})$$

(ΔE_c : Variation de l'énergie cinétique ; $\Sigma W_{AB}(\vec{F})$: Somme des travaux des forces (en J))

Énergies et forces conservatives ou non conservatives

- **L'énergie potentielle de pesanteur** est associée au poids (force conservative) :

$$E_{pp} = m \times g \times y$$

(E_{pp} en J ; m en kg ; g en N·kg⁻¹ ; y en m)

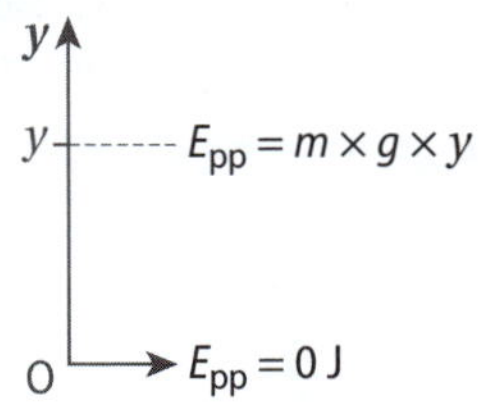

- **L'énergie mécanique E_m** d'un système soumis à des forces conservatives et/ou non conservatives $\vec{F}_{non\ cons.}$:
  - se conserve si $W_{AB}(\vec{F}_{non\ cons.}) = 0$

$$\Delta E_m = E_m(B) - E_m(A) = 0$$

  - ne se conserve pas si $W_{AB}(\vec{F}_{non\ cons.}) \neq 0$

$$\Delta E_m = E_m(B) - E_m(A) = \Sigma W_{AB}(\vec{F}_{non\ cons.})$$

→ À votre tour

Une balle est lâchée d'une position A sans vitesse initiale.

Données On néglige l'action de l'air • $g = 9{,}81$ N·kg⁻¹ • $y_A = 5{,}0$ m • $m = 0{,}25$ kg

1. Justifier que l'énergie mécanique E_m de la balle se conserve.

....

2. Calculer la valeur de la vitesse de la balle en O quand elle touche le sol.

....

3. La vitesse réelle est 6,0 m·s⁻¹. Calculer le travail de la force de frottements.

....

69 Transferts thermiques d'énergie Tle

Premier principe de la thermodynamique

L'énergie interne U est l'énergie microscopique du système.

- La **variation d'énergie interne ΔU** d'un système est liée aux **transferts d'énergie par travail W** et/ou **par transfert thermique Q** avec le milieu extérieur.

Δ « delta » est une lettre majuscule grecque.

$$\Delta U = W + Q$$

Par convention :

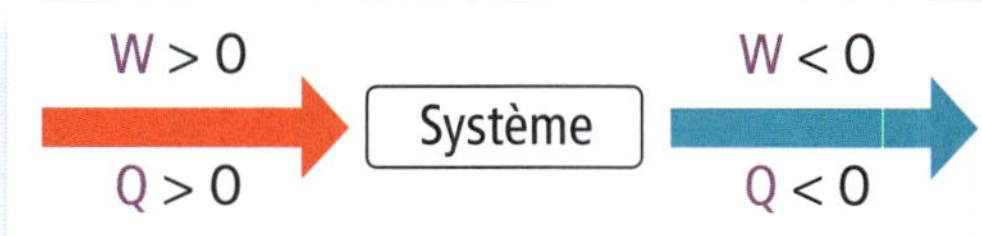

Remarque Par abus de langage, le transfert thermique Q est couramment appelé chaleur.

- En l'absence de changement d'état, la **variation d'énergie interne ΔU** d'un système incompressible de **capacité thermique C** est **proportionnelle à la variation de la température ΔT** :

$$\Delta U = C \times \Delta T = C \times (T_F - T_i)$$

(ΔU en J ; C en $J \cdot K^{-1}$; T_F, T_i en K ou en °C)

ΔT (en K) = ΔT (en °C)

Remarque La capacité thermique C est liée à la capacité thermique massique c : $C = m \times c$ avec m en kg et c en $J \cdot kg^{-1} \cdot K^{-1}$.

Transferts thermiques d'énergie

- Spontanément, **un transfert thermique** a lieu du système **le plus chaud vers le plus froid.**
- Le **flux thermique** ϕ à travers une paroi de **résistance thermique R_{th}** est **proportionnel à la différence de température $T_2 - T_1$** (avec $T_2 > T_1$) :

$$\phi = \frac{T_2 - T_1}{R_{th}}$$

(ϕ en W ; T_2, T_1 en K ou en °C ; R_{th} en $K \cdot W^{-1}$)

Trois modes de transfert thermique

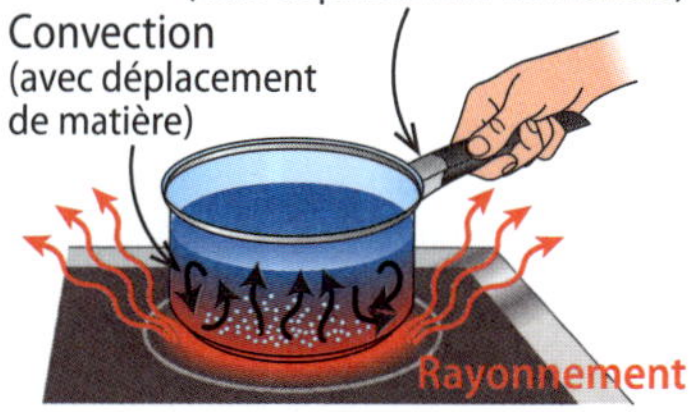

φ « phi » est une lettre majuscule grecque.

→ À votre tour

Un bol en grès contient 250 g d'eau dont la température passe de 50 °C à 47 °C.

Données $c_{eau} = 4\ 180\ J \cdot kg^{-1} \cdot K^{-1}$ • $R_{th\ grès} = 7{,}7\ K \cdot W^{-1}$

1. Calculer la variation d'énergie interne de l'eau. Commenter.

....

2. Nommer le mode de transfert thermique ayant lieu à travers le bol et calculer le flux thermique.

....

70 Ondes mécaniques

➔ Fiche 10

Simulateur Ondes hatier-clic.fr/cpc103

Onde progressive

- C'est le phénomène de propagation d'une perturbation dans un milieu matériel sans transport de matière et avec transfert d'énergie.
- Le retard τ est la durée séparant le passage de l'onde entre deux points alignés avec la source : $\tau = t_2 - t_1$ avec $t_2 > t_1$.
- La célérité v est la valeur de la vitesse de propagation de l'onde ; elle dépend du milieu de propagation :

τ « tau » est une lettre minuscule grecque.

$$v = \frac{d}{\tau}$$

Célérité (en $m \cdot s^{-1}$) → v ; Distance parcourue (en m) → d ; Retard (en s) → τ

À votre tour

▸ Calculer le retard en B et la célérité de l'onde.

....

....

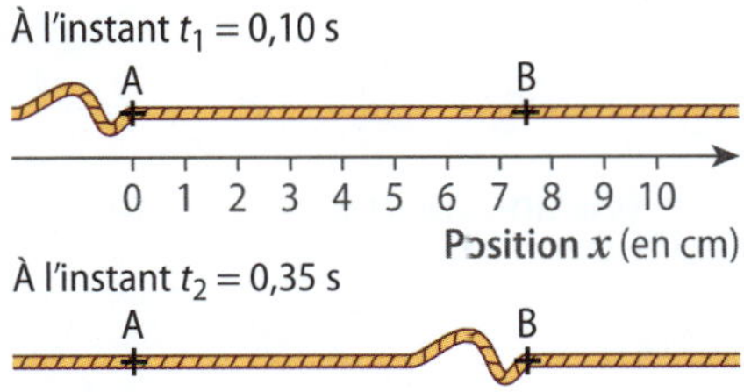

Onde progressive périodique (cas d'une onde progressive sinusoïdale)

- C'est une onde dont la perturbation en chaque point du milieu est périodique.
- **Longueur d'onde λ = plus petite distance** séparant deux points du milieu en phase (dans le même état vibratoire)

Période T = plus petite durée séparant deux perturbations identiques d'un même point du milieu

$$\lambda = v \times T$$

(λ en m ; v en $m \cdot s^{-1}$; T en s)

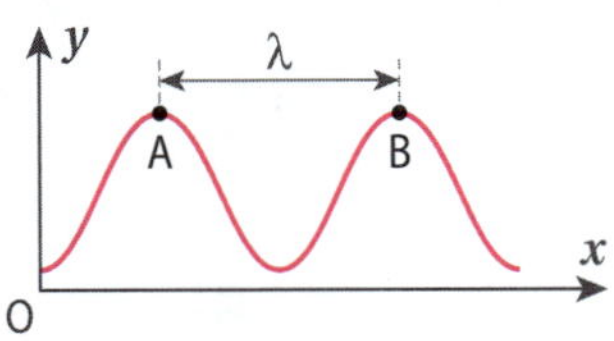

ou

$$\lambda = \frac{v}{f} \text{ avec } f = \frac{1}{T}$$

(v en $m \cdot s^{-1}$; f en Hz)

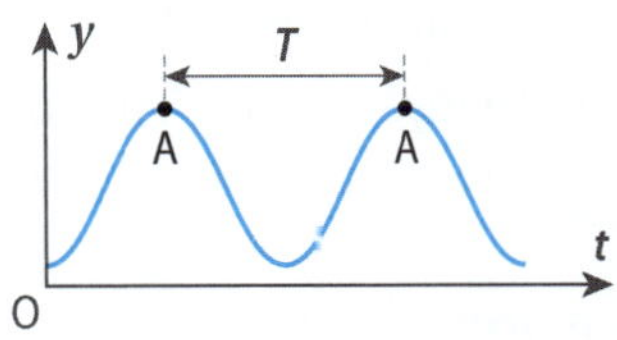

À votre tour

1. Une onde sonore sinusoïdale de fréquence $f = 680$ Hz se propage dans l'air à 20 °C. Calculer sa longueur d'onde λ.

....

2. Les ondes séparées d'une distance $d = 1,0$ m sont-elles en phase ?

....

71 Image formée par une lentille

Simulateur
Lentille
hatier-clic.fr/cpc10

Position et taille d'un objet et de son image

Fiche 11 Fiche 36

- $\overline{OA}$, $\overline{AB}$, $\overline{OA'}$ et $\overline{A'B'}$ sont des **grandeurs algébriques**. Leur **longueur est affectée d'un signe** qui dépend des conventions d'orientation :
  – origine des axes au centre optique O ;
  – axes horizontal et vertical orientés positivement respectivement vers la droite et vers le haut.

Exemple : schéma à l'échelle 1

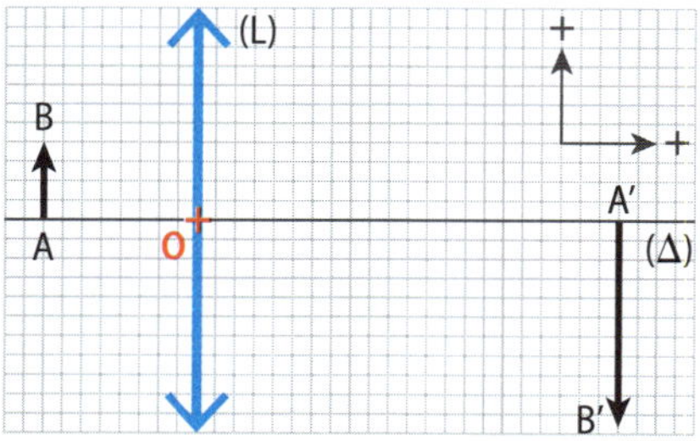

$\overline{OA} = -1{,}2$ cm ; $\overline{AB} = +0{,}6$ cm
$\overline{OA'} = +3{,}3$ cm ; $\overline{A'B'} = -1{,}6$ cm

- **Relation de conjugaison :**

$$\frac{1}{\overline{OA'}} - \frac{1}{\overline{OA}} = \frac{1}{f'}$$

- **Relation de grandissement :**

$$\gamma = \frac{\overline{A'B'}}{\overline{AB}} = \frac{\overline{OA'}}{\overline{OA}}$$

γ « gamma » est une lettre minuscule grecque.

Remarques • $\overline{OA}$, $\overline{OA'}$ et f' sont exprimés dans la même unité.
• Caractéristiques de l'image : $\overline{OA'} > 0$: réelle ; $\overline{OA'} < 0$: virtuelle.

$\gamma > 0$	$\gamma < 0$	$\lvert\gamma\rvert > 1$	$\lvert\gamma\rvert < 1$
Droite	Renversée	Plus grande que l'objet	Plus petite que l'objet

Image formée par une lunette afocale Tle

- Une lunette afocale, constituée de deux lentilles convergentes, forme d'un objet à l'infini une image à l'infini.
- Le foyer image F'_1 de l'objectif coïncide avec le foyer objet F_2 de l'oculaire.

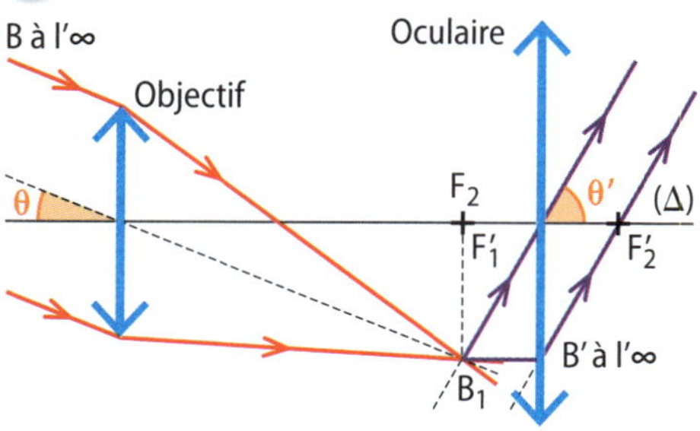

À votre tour

▸ Compléter le tableau suivant.

$\overline{OA}$ (en cm)	$\overline{OA'}$ (en cm)	f' (en cm)	γ	Caractéristiques de l'image
-30	....	12	....	....
....	–30	20	....	....
....	60	....	–2,0	....

72 Synthèses additive et soustractive

Synthèses additive et soustractive

Synthèse additive

Superposition de lumières colorées à partir de **trois couleurs primaires rouge, vert et bleu.**
Exemples : couleurs d'un écran, vision des couleurs par l'œil

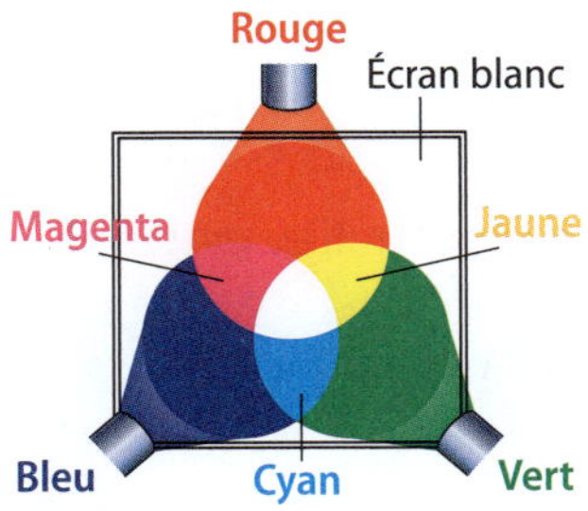

Deux couleurs sont complémentaires si elles donnent du blanc.

Synthèse soustractive

Absorption de lumières colorées d'une lumière incidente.
Exemples : impression d'encres, peintures

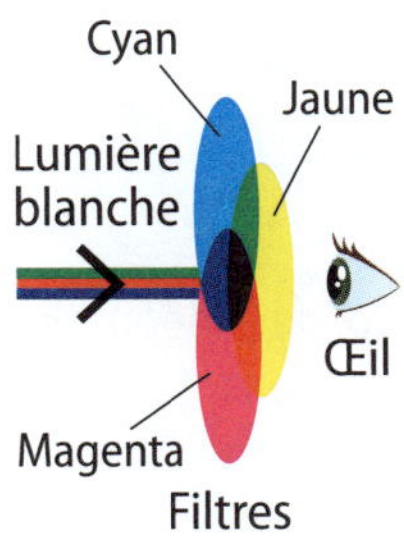

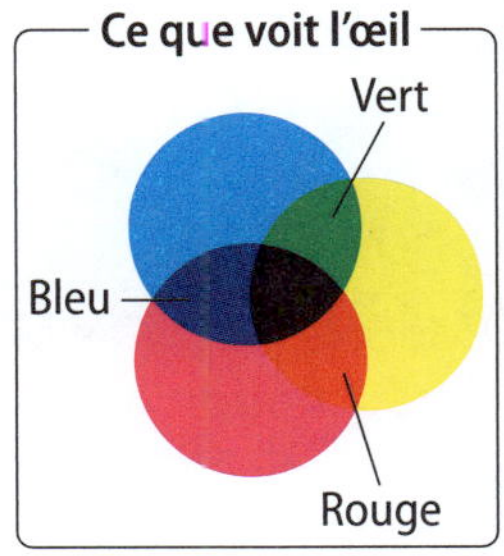

Deux couleurs sont complémentaires si elles donnent du noir.

Couleur d'un objet

La couleur perçue d'un objet dépend :
- de la couleur de la lumière incidente qui l'éclaire ;
- des couleurs des lumières qu'il absorbe, diffuse (cas d'un objet opaque) et transmet (cas d'un objet transparent).

Exemple :
Éclairé en lumière magenta, un filtre jaune absorbe la lumière bleue et transmet la lumière rouge : la couleur perçue est le rouge.

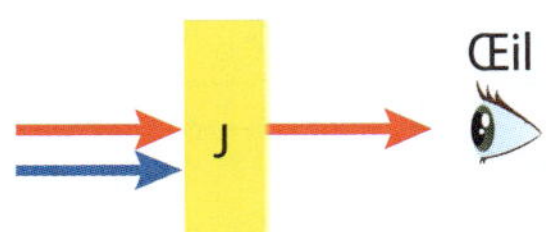

À votre tour

▶ Compléter le tableau suivant.

	Synthèse additive ou soustractive	Couleur perçue
Une toile blanche est éclairée par des spots verts et rouges.	....	....
Une lumière blanche passe à travers un vitrail magenta.	....	....
Des phares jaunes éclairent une voiture bleue.	....	....
Les pixels d'un écran émettent du bleu et du vert.	....	....

73 Modèles ondulatoire et particulaire de la lumière

Simulateur
Spectres
hatier-clic.fr/cpc106

Deux modèles de la lumière

Modèle ondulatoire

- La lumière est une **onde électromagnétique**.
  Pour le domaine visible du spectre : 400 nm < λ < 800 nm.

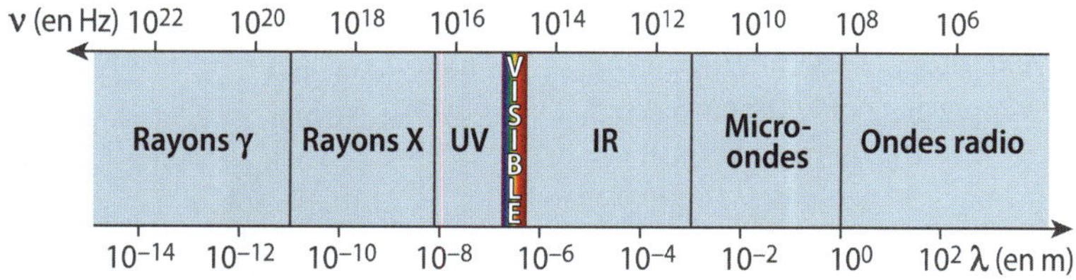

- Milieux de propagation : **le vide ou tout milieu matériel transparent**.
- Célérité (ou vitesse de propagation) : **$c = 3{,}00 \times 10^8$ m·s^{-1}** dans le vide et dans l'air.
- Relation entre longueur d'onde λ et fréquence ν :

➔ Fiche 70

$$\lambda = \frac{c}{\nu}$$

(λ en m ; c en m·s^{-1} ; ν en Hz)

⚠ La notation ν de la fréquence est différente de celle f utilisée dans le cas d'une onde mécanique.

λ « lambda » et ν « nu » sont des lettres minuscules grecques.

Modèle particulaire

- La lumière est constituée de **photons**.
- Un photon porte un **quantum d'énergie *E*** :

Constante de Planck : $h = 6{,}63 \times 10^{-34}$ J·s

$$E = h \times \nu = \frac{h \times c}{\lambda}$$

(E en J ; ν en Hz ; c en m·s^{-1} ; λ en m)

À cette échelle, l'électron-volt (eV) est une unité de l'énergie plus adaptée : 1 eV = $1{,}60 \times 10^{-19}$ J.

→ À votre tour

1. Déterminer l'intervalle de fréquences correspondant au domaine de la lumière visible.

....

2. Calculer la longueur d'onde associée à un photon d'énergie E = 2,11 eV.

....

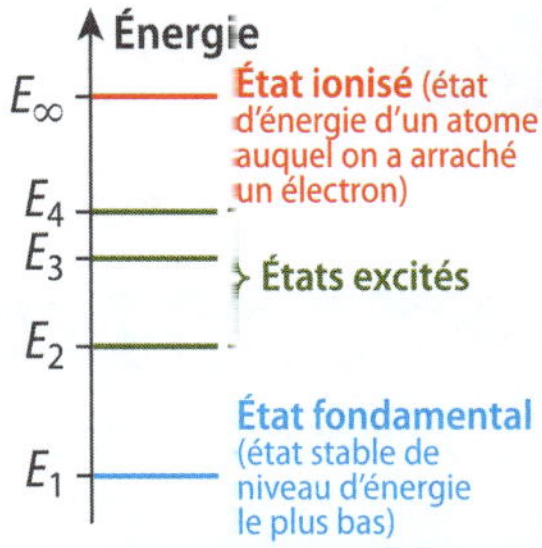

Interaction lumière-matière

- **L'énergie d'un atome est quantifiée :** elle ne peut prendre que certaines valeurs, représentées sur un diagramme de niveaux d'énergie.
- Deux phénomènes d'interaction lumière-matière peuvent se produire :

Absorption d'un photon

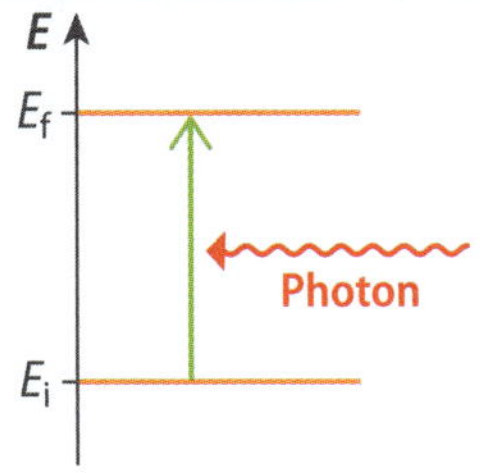

L'atome passe à un niveau d'énergie supérieur.
La longueur d'onde du photon absorbé est celle d'une raie noire du spectre d'absorption de l'atome.

L'énergie *E* du photon absorbé ou émis est **égale à la différence d'énergie ΔE** entre les deux niveaux d'énergie :

$$\Delta E = |E_f - E_i|$$

$$\Delta E = h \times \nu = \frac{h \times c}{\lambda}$$

Δ « delta » est une lettre majuscule grecque.

Émission d'un photon

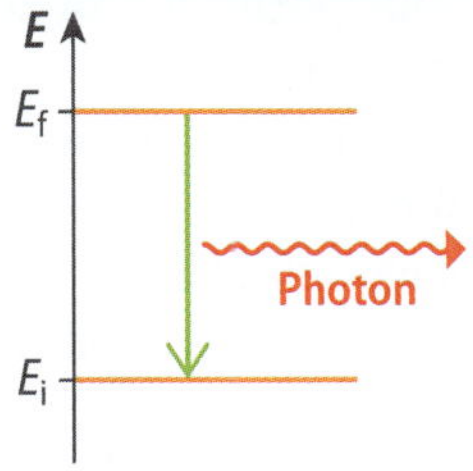

L'atome passe à un niveau d'énergie inférieur.
La longueur d'onde du photon émis est celle d'une raie colorée du spectre de raies d'émission de l'atome.

➔ Fiche 12

Remarque Les raies d'absorption et d'émission d'un atome ont les mêmes longueurs d'onde.

À votre tour

Les niveaux d'énergie de l'atome de sodium sont fournis dans le tableau ci-dessous :

n	0	1	2	3	4	5
E_n (en eV)	–5,14	–3,03	–2,96	–2,65	–2,13	–1,80

1. Calculer la longueur d'onde de la raie d'émission de l'atome de sodium correspondant à la transition entre les niveaux d'énergie E_1 et E_0.

....

2. Un photon dont la fréquence est $6{,}52 \times 10^{14}$ Hz peut-il être absorbé par un atome de sodium ?

....

....

....

74 Comportements ondulatoires de la lumière Tle

➔ Fiche 73

Diffraction par une ouverture

- La diffraction est le changement de direction de propagation de la lumière lorsqu'elle rencontre **une ouverture** (fente ou trou) **dont la dimension est plus petite ou de l'ordre de grandeur de sa longueur d'onde**.
- **L'angle caractéristique** θ est l'angle formé par la direction de propagation sans diffraction et la direction du milieu de la première extinction.

λ « lambda » et θ « thêta » sont des lettres minuscules grecques.

Exemple : diffraction par une fente

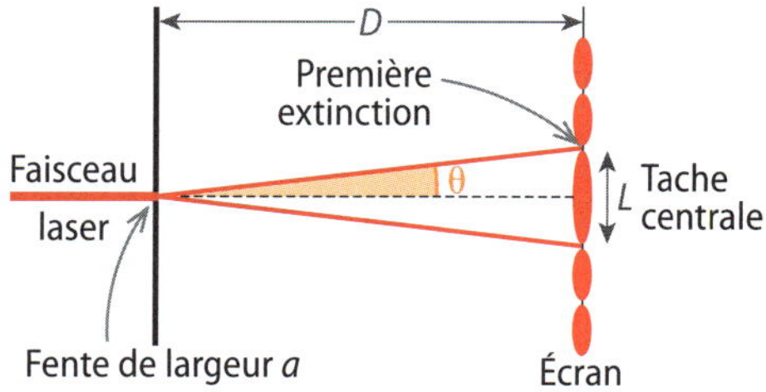

$$\theta = \frac{\lambda}{a}$$

(θ en rad ; λ et a en m)

Remarque Dans l'approximation des angles petits, $\tan(\theta) \approx \theta$ d'où $\theta = \frac{L}{2D}$.

Interférences de deux ondes

- Les interférences sont le résultat de la **superposition de deux ondes** de **même fréquence** et issues de la **même source**.
- Différence de chemin optique :

$$\delta = S_2M - S_1M = \frac{b \times x}{D}$$

interférences **constructives**	(*k* entier)	interférences **destructives**
$\delta = k \times \lambda$		$\delta = \left(k + \frac{1}{2}\right) \times \lambda$

δ « delta » est une lettre minuscule grecque.

Exemple : interférences par des fentes d'Young

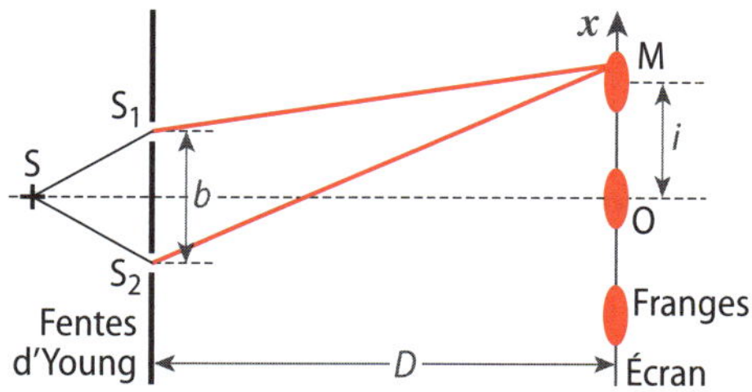

Remarque L'interfrange *i* est la distance entre deux franges consécutives de même nature : $i = \frac{\lambda \times D}{b}$.

→ À votre tour

1. Calculer la longueur d'onde d'un laser lors de la diffraction par une fente.
Données $\theta = 3{,}0 \times 10^{-3}$ rad • $a = 200$ µm

....

2. Calculer l'interfrange lors d'interférences par des fentes d'Young et donner leur nature en $x = 1{,}8$ cm. *Données* $b = 0{,}24$ mm • $D = 1{,}20$ m.

....

Simulateur
Doppler
hatier-clic.fr/cpc109

75 Effet Doppler Tle

Manifestation de l'effet Doppler

➔ Fiche 10 ➔ Fiche 70

L'effet Doppler se manifeste quand une **onde de fréquence f_E** émise par un **émetteur en mouvement** est perçue par un **observateur fixe avec une fréquence f différente**.

Exemples :

L'émetteur E s'éloigne de l'observateur A fixe.		L'émetteur E se rapproche de l'observateur B fixe.
	Cas d'une onde sonore	
• Le son perçu est plus **grave** • $f < f_E$	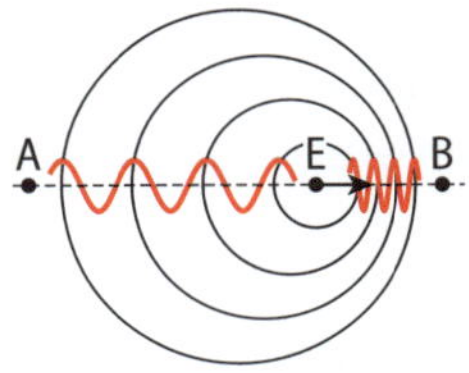	• Le son perçu est plus **aigu** • $f > f_E$
	Cas d'une onde électromagnétique	
• La longueur d'onde λ perçue se déplace **vers le rouge** (redshift) ① • $\lambda_E < \lambda$ donc $f < f_E$	Longueur d'onde λ_E d'une raie de référence 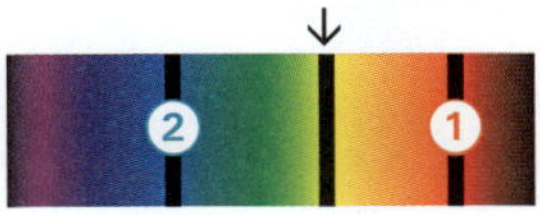	• La longueur d'onde λ perçue se déplace **vers le bleu** (blueshift) ② • $\lambda < \lambda_E$ donc $f > f_E$
Décalage Doppler $\Delta f = f - f_E < 0$	Δ « delta » est une lettre majuscule grecque.	**Décalage Doppler** $\Delta f = f - f_E > 0$

Remarque Si l'émetteur et l'observateur ne sont pas en mouvement relatif, il n'y a pas d'effet Doppler.

Décalage Doppler et vitesse

$$v_E = v \times \frac{|\Delta f|}{f_E}$$

- v_E : Valeur de la vitesse de l'émetteur (en m·s⁻¹)
- v : Célérité de l'onde (en $m \cdot s^{-1}$)
- $|\Delta f|$: Décalage Doppler (en Hz)
- f_E : Fréquence de l'onde émise (en Hz)

À votre tour

▸ Calculer la valeur de la vitesse d'un véhicule dont la sirène émet un son de fréquence $f_E = 660$ Hz.

Données fréquence perçue $f = 718$ Hz • $v_{son} = 340\ m \cdot s^{-1}$

....

76 Circuit RC série Tle

Les grandeurs électriques dans un circuit

- Par définition, **l'intensité *i*** du courant électrique est le **débit de charge électrique** :

$$i = \frac{dq}{dt}$$

Intensité (en A) ; Charge électrique (en C) ; Temps (en s)

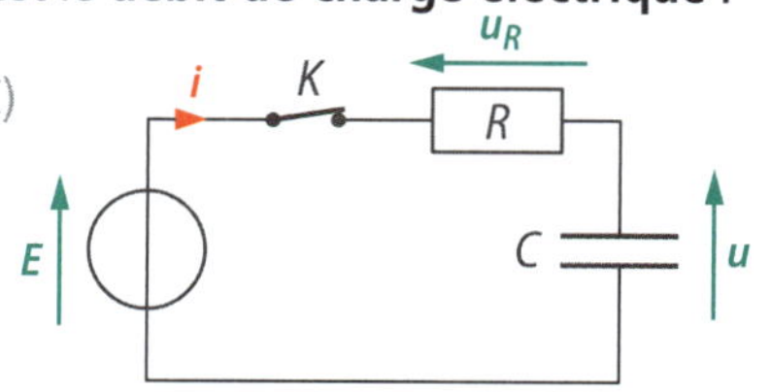

- Un condensateur comporte deux armatures séparées par un isolant. Il accumule sur ses armatures des charges électriques opposées. La **charge** électrique ***q*** d'un condensateur est proportionnelle à la **tension électrique *u*** à ses bornes :

$$q = Cu$$

Charge électrique (en C) ; Tension (en V) ; Capacité (en F)

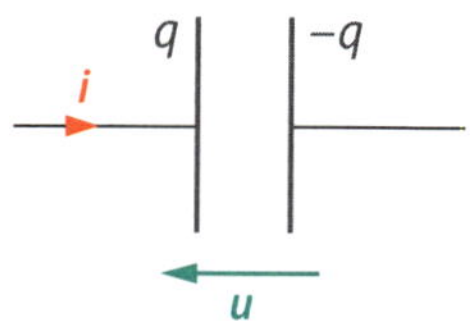

- L'**intensité *i*** du courant dans le circuit et la **tension électrique *u*** aux bornes du condensateur sont liées par la relation :

$$i = C\frac{du}{dt}$$

Intensité (en A) ; Tension (en V) ; Temps (en s) ; Capacité (en F)

Remarque La capacité du condensateur s'exprime en farads (F). On utilise souvent les sous-multiples de cette unité (µF ou nF).

Charge d'un condensateur par une source idéale de tension *E*

- **Détermination de l'équation différentielle vérifiée par la tension *u* aux bornes du condensateur**

Méthode

- Écrire la **loi des mailles**.
- **Exprimer la tension** u_R aux bornes de la résistance en utilisant la **loi d'Ohm**.

➲ Fiche 9

- **Remplacer l'intensité *i*** par son expression en fonction de la tension *u* aux bornes du condensateur.
- **Poser** $\tau = RC$, le temps caractéristique.

Exemple

Dans la maille du circuit ci-dessus parcourue dans le sens horaire :

$E - u_r - u = 0$ soit $u_r + u = E$

$Ri + u = E$

$RC\frac{du}{dt} + u = E$

$\tau\frac{du}{dt} + u = E$

τ « tau » est une lettre minuscule grecque.

- **Résolution algébrique de l'équation différentielle** ➲ Fiche 47

L'équation différentielle s'écrit : $\frac{du}{dt} = -\frac{1}{\tau}u + \frac{E}{\tau}$.

Elle est du type $\frac{dy}{dt} = ay + b$, sa solution est $u(t) = -Ee^{-\frac{t}{\tau}} + E = E(1 - e^{-\frac{t}{\tau}})$.

- **Détermination graphique du temps caractéristique à partir de la courbe $u(t)$**

Méthode

- **Tracer l'asymptote horizontale** à la courbe de $u(t)$ pour t tendant vers $+\infty$.
- **Déterminer u pour t tendant vers $+\infty$:** $u(t) = E$

Méthode 1

- **Calculer $u(\tau) = E(1 - e^{-1}) \approx 0{,}63\ E$.**
- **Tracer** la droite d'équation $u = u(\tau)$.
- **Déterminer** τ l'abscisse du point d'intersection de la droite d'équation $u = u(\tau)$ et de la courbe de $u(t)$.

Méthode 2

- **Tracer la tangente** à l'origine.
- **Déterminer** τ l'abscisse du point d'intersection de l'asymptote horizontale et de la tangente.

Exemple ➲ Fiche 46

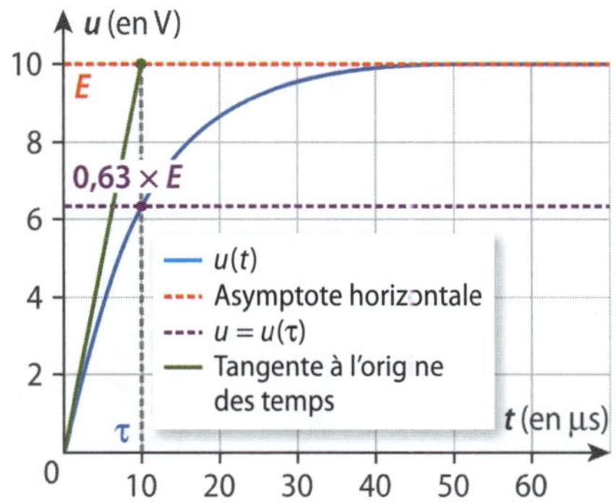

Pour t tendant vers $+\infty$:

$u(t) = E = 10$ V

donc $u(\tau) = 6{,}3$ V

d'où $\tau = 10$ µs

→ À votre tour

1. Établir l'équation différentielle vérifiée par la tension u aux bornes du condensateur lors de sa décharge dans une résistance.

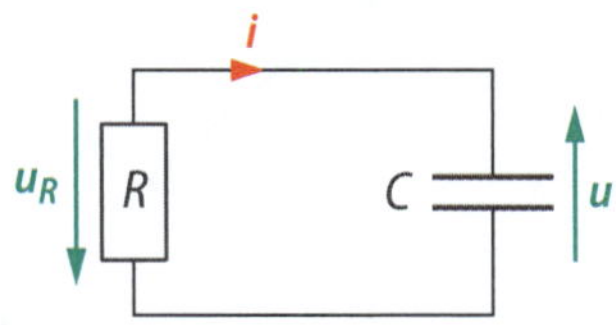

....

....

....

2. La solution de l'équation est $u(t) = Ee^{-\frac{t}{\tau}}$.
Exprimer $u(0)$, $u(\tau)$ et $u(t)$ pour t tendant vers $+\infty$. ➲ Fiche 47

....

....

3. Déterminer graphiquement le temps caractéristique.

....

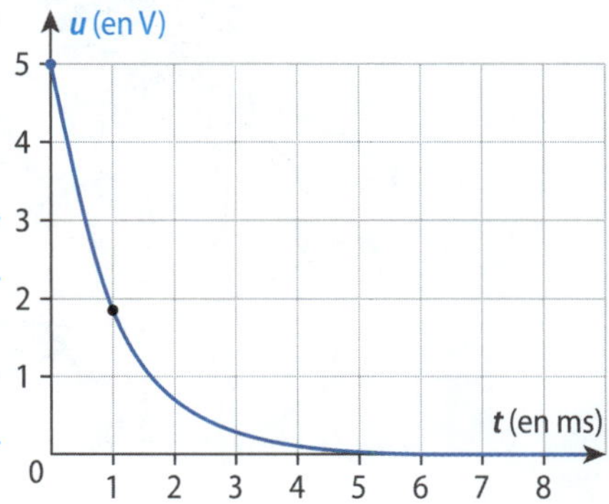

Partie 4 VERS LES ÉPREUVES

DU BAC

77 Apprendre à apprendre

Connaître le fonctionnement de notre cerveau peut nous aider à travailler efficacement et à mieux mémoriser.

Sans répétition, notre cerveau oublie ! Revoir régulièrement s'avère donc une nécessité qui demande **une organisation et des techniques de mémorisation**.

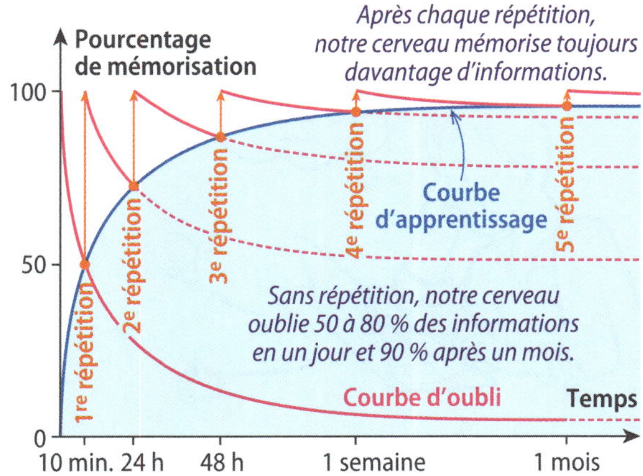

S'organiser

- **Établir un planning de travail** intégrant la révision des cours du jour. **L'organiser en fonction de l'urgence et de l'importance** des tâches à réaliser.

Conserver une plage de sommeil récupérateur d'au moins 8 heures par jour.

Remarque Classer les tâches à réaliser :
- en ne retravaillant pas celles faites seul·e sans aide du professeur ;
- en se focalisant sur celles qui n'ont pas été réussies en classe.

Être attentif en cours permet d'être plus efficace dans le travail et ainsi de gagner du temps.

IMPORTANT (+ → −) / URGENT (+ → −)

	Important +	Important −
Urgent +	**1** Urgent et important — **À FAIRE MAINTENANT**	**2** Urgent et non important — **À FAIRE EN PLUSIEURS FOIS dès qu'on a le temps**
Urgent −	**3** Non urgent et important — **SE FIXER UNE DATE LIMITE POUR CE TRAVAIL**	**4** Non urgent et non important — **À FAIRE S'IL RESTE DU TEMPS**

- **Organiser son travail à l'aide de boîtes** pour stocker flashcards ou cartes mentales afin de revoir régulièrement les cours. Après chaque scéance de révision, au fur et à mesure que les connaissances sont acquises, déplacer les fiches de la boîte 1 vers la boîte 3. Inversement en cas d'oubli ou d'erreur, les replacer dans la boîte précédente.

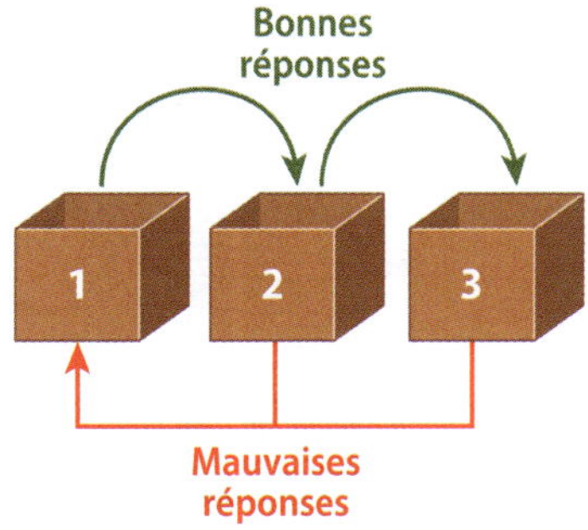

Mémoriser

- Créer des **flashcards** pouvant comporter aussi bien des mots ou des phrases que des schémas ou des graphiques.

> Favoriser un espace de travail épuré et un environnement calme, sans téléphone ni musique.

Remarque Utiliser un code couleur pour distinguer différentes catégories de questions (définition, formule, méthode, etc.).

- Concevoir des **cartes mentales**.

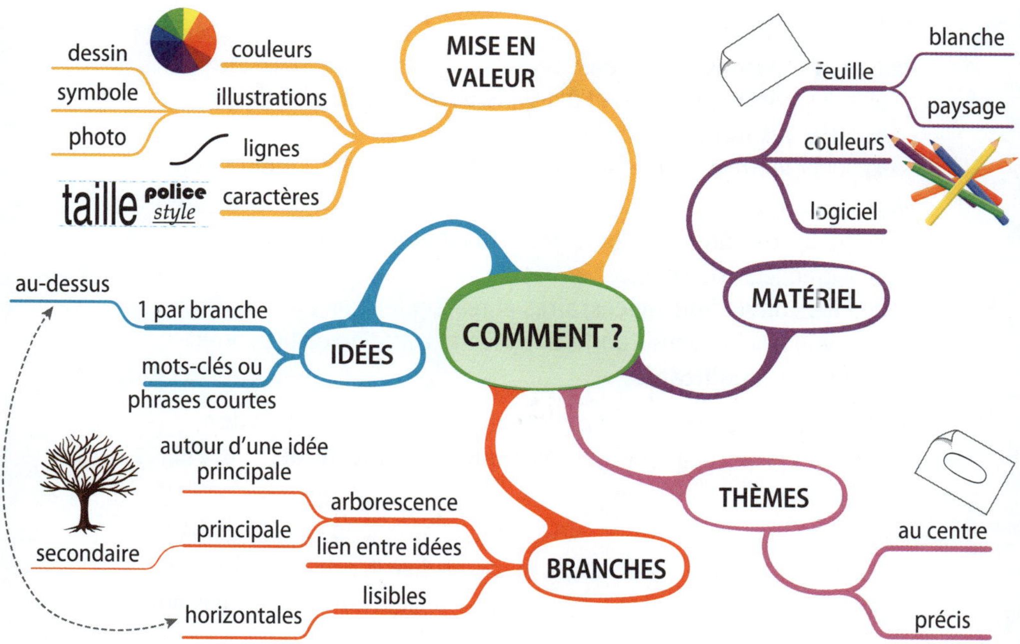

- Utiliser **la méthode des LOCI** (ou méthode des lieux), qui associe des connaissances à un lieu familier :
  – choisir un lieu bien connu et facile à visualiser mentalement ;
  – fixer les étapes de son parcours (autant que de connaissances à mémoriser) ;
  – associer une connaissance à chaque étape ;
  – parcourir mentalement les différentes étapes en réactivant les connaissances associées.

> Établir des liens et/ou des regroupements de connaissances facilite la mémorisation.

78 Apprendre à rédiger

Fiche Méthode
Comprendre une consigne
hatier-clic.fr/cpc116

Rédiger la réponse à un exercice

Il faut répondre à chaque question de l'exercice en présentant le raisonnement.

Méthode

1. **S'approprier** l'exercice **en le lisant en entier.**
2. Identifier **le travail à réaliser.**
3. Repérer les **données utiles** et les **relier aux connaissances** permettant de trouver la réponse.
4. Rédiger une **réponse justifiée :**
   - faire des **phrases courtes** et utiliser le **vocabulaire scientifique** ;
   - respecter **les notations** de l'exercice ;
   - expliquer le **raisonnement** en faisant le **lien avec les connaissances.**

   Pour les calculs :
   - utiliser les **relations du cours** pour établir **l'expression littérale** de la grandeur cherchée ; ➔ Fiche 34
   - faire **les conversions nécessaires** et réaliser **les calculs** ;
   - donner le résultat dans **l'unité adaptée** et avec un nombre correct de **chiffres significatifs.** ➔ Fiche 30
5. Vérifier que la **réponse est complète et conforme à la question.** Commenter en portant un **regard critique sur les résultats.** ➔ Fiches 28 et 29

Exemple : ➔ Fiche 68

Un pendule, constitué d'un fil tendu de masse négligeable auquel est reliée une sphère de masse m = 15 kg, oscille sans frottement autour de sa position verticale. Il atteint en O sa vitesse maximale de valeur v_0 = 18 km·h^{-1}.

Donnée g = 9,81 N·kg^{-1}

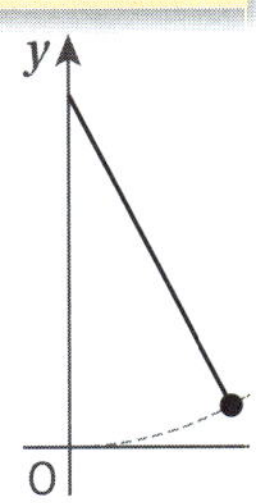

▶ En appliquant la conservation de l'énergie mécanique, calculer l'altitude maximale y_M atteinte par le système lors d'une oscillation.

La conservation de l'énergie mécanique s'écrit : $E_m(O) = E_m(M)$.

En O, on a : $E_m(O) = E_c(O) = \frac{1}{2}mv_0^2$. En effet, $E_{pp}(O) = 0$ J car $y_0 = 0$ m.

En M, on a : $E_m(M) = E_{pp}(M) = mgy_M$. En effet, $E_c(M) = 0$ J car $v_M = 0$ m·s^{-1}.

On en déduit : $\frac{1}{2}mv_0^2 = mgy_M$ soit $y_M = \frac{1}{2g}v_0^2$.

On a donc : $y_M = \frac{1}{2 \times 9{,}81}\left(\frac{18}{3{,}6}\right)^2$ d'où y_M = 1,3 m.

L'altitude maximale atteinte lors d'une oscillation est y_M = 1,3 m.

Remarque Sans conversion, on obtiendrait y_m = 17 m. Ce résultat improbable doit alerter

Rédiger la réponse à une question avec prise d'initiatives

Une telle question attend une réponse comportant différentes étapes pour lesquelles il peut exister plusieurs chemins de résolution. Il faut trouver un de ces chemins par un travail au brouillon et rédiger au propre la réponse argumentée.

Méthode

Au brouillon :

1. S'approprier :
– **la question**, en **la reformulant** et en **identifiant le travail à réaliser** ;
– **les documents** à disposition, **en repérant les données utiles.**

2. Analyser **les données** et les relier **aux connaissances.**

3. **Construire le raisonnement :** partir de la réponse cherchée et établir les différentes étapes. Vérifier la cohérence en parcourant le raisonnement de la question vers la réponse et réaliser les éventuels calculs.

Au propre :
Procéder comme pour un exercice (points méthodologiques 4 et 5) et **rédiger** la réponse argumentée en présentant **les différentes étapes.**

Remarque Même si le raisonnement n'est pas abouti, ne pas hésiter à rédiger le chemin de résolution envisagé. La démarche sera valorisée lors d'une évaluation.

À votre tour

Une masse m = 10,8 g de paracétamol $C_8H_9NO_2$ est obtenu par réaction entre m_1 = 10,0 g de 4-aminophénol C_6H_7NO et V_2 = 12,0 mL d'anhydride éthanoïque $C_4H_6O_3$. Il se forme aussi de l'acide éthanoïque $C_2H_4O_2$.

Rendement : le rendement est le quotient de la quantité de matière de produit obtenue expérimentalement par la quantité de matière maximale théorique de produit.

Données :
- $\rho(C_4H_6O_3)$ = 1,08 g·mL^{-1}
- $M(C_6H_7NO)$ = 109 g·mol^{-1}
- $M(C_4H_6O_3)$ = 102 g·mol^{-1}
- $M(C_8H_9NO_2)$ = 151 g·mol^{-1}

▸ Lister et ordonner les étapes permettant de déterminer le rendement de cette synthèse.

....

....

....

....

....

....

....

79 Apprendre à communiquer à l'oral

Fiche Méthode
Conseils d'entraînement
hatier-clic.fr/cpc118

La communication orale suppose avant tout de maîtriser le sujet, mais elle ne se limite pas seulement à s'exprimer avec des mots. Le langage corporel est tout aussi important.

Il existe trois niveaux de communication (règle des 3 V d'Albert Mehrabian, chercheur en psychologie de l'université de Californie UCLA) qui permettent d'activer les différentes zones du cerveau de nos interlocuteurs et ainsi d'optimiser leur écoute.

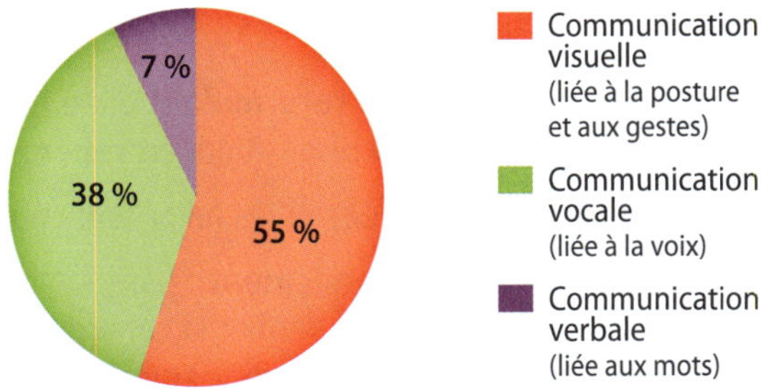

Pourcentage de chaque niveau de communication

S'exprimer avec des mots

- **Enrichir et adapter le vocabulaire au contenu de l'exposé :**
  – employer le langage scientifique approprié ;
  – se passer des mots passe-partout et opter pour une terminologie précise ;
  – recourir à des synonymes pour varier la formulation.

  Exemple : employer, opter et recourir remplacent ici le verbe utiliser afin d'enrichir les propos.

- **Adopter un registre de langue soutenu :**
  – structurer ses propos à l'aide de propositions subordonnées et de connecteurs logiques ;
  – éviter les phrases trop longues.

Rester vigilant·e et contrôler les tics de langage.

- **Soigner la diction :**
  – bien prononcer toutes les syllabes sans supprimer les « e » muets ;
  – marquer les liaisons.

  Exemple : les avancées scientifiques sont_issues de coopérations_internationales.

S'exprimer avec la voix

- **Contrôler la voix :**
  – ne parler ni trop fort ni trop bas (au risque de ne pas être entendu et de devoir répéter) ;
  – varier le ton de la voix pour éviter la monotonie ;
  – rythmer la prise de parole et adapter le débit aux propos : parler plus lentement lors des moments-clés de l'exposé et prévoir éventuellement des pauses.

> Respirer régulièrement et naturellement pour bien utiliser la voix.

Remarque Contrôler le débit de la parole qui a tendance à être plus important avec le stress.

> Enregistrer et/ou filmer un entraînement à l'oral puis l'écouter ou le regarder permet de prendre conscience de ses défauts et de s'améliorer.

S'exprimer avec le corps

- **Veiller à l'apparence et à l'attitude :**
  – opter pour une tenue simple et soignée dans laquelle vous êtes à l'aise ;
  – afficher sérieux et concentration.

> Rester naturel·le et modéré·e sans en faire trop ou trop peu.

- **Maîtriser la posture et les gestes :**
  – adopter une posture révélatrice d'une volonté d'échange et de dialogue avec ses interlocuteurs ;

> Ne croiser ni les bras ni les pieds.

  – regarder droit dans les yeux alternativement chacun de ses interlocuteurs ;
  – renforcer ses propos en utilisant ses mains.

Remarque Éviter des gestes qui perturbent l'attention, par exemple, se passer les mains dans les cheveux.

80 Le jour de l'épreuve écrite

Manger et boire durant l'épreuve apportent l'énergie nécessaire au cerveau.

Gérer le stress

Inévitable, le stress peut être un facteur de performance lorsqu'on sait le gérer.

Pour apaiser son stress, rester calme et conserver ses facultés :

1. **Respirer régulièrement avec l'abdomen** en ralentissant peu à peu le rythme.
2. **Penser positif :** « J'ai travaillé sérieusement durant l'année, je vais réussir ! »

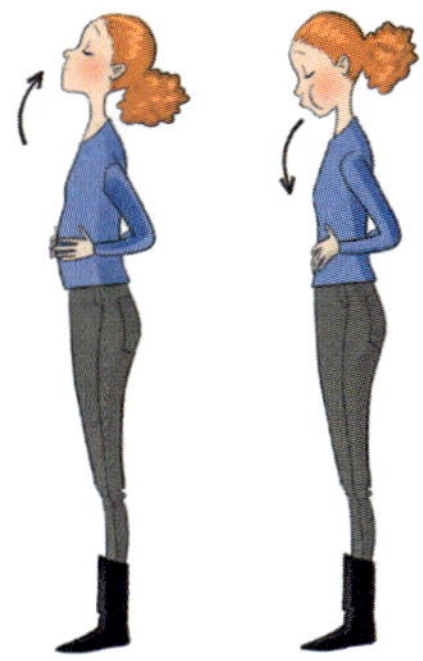

Aborder le sujet

Pour contenir le stress, il faut aborder le sujet avec méthode.

1. **Prendre le temps** nécessaire pour **lire le sujet** en entier et classer les questions :
   - « ✔ » je sais répondre ;
   - « ? » j'ai une idée, mais je ne suis pas sûr·e de moi ;
   - « ✘ » je ne sais pas répondre.
2. Traiter d'abord les questions « ✔ ».
3. Pour les questions « ? » et « ✘ », trouver le raisonnement :
   - en listant au brouillon les différents chemins de résolution qui mènent à l'objet de la question ;
   - en éliminant, grâce à l'énoncé, ceux qui ne peuvent pas aboutir par incohérence avec le questionnement ou par manque de données, par exemple.

Remarque On peut aussi utiliser un code couleur.

Au fur et à mesure de la résolution, des « ? » ou « ✘ » évoluent ainsi vers « ✔ » ou « ? ».

Remarque Utiliser des feuilles de copies différentes pour chaque exercice, ce qui permet de laisser de la place et de revenir sur les questions initialement classées « ? » et « ✘ ».

Relire la copie

Faire plusieurs relectures ayant chacune un objectif différent.
En priorité :

1. vérifier uniquement la méthode ;
2. vérifier uniquement les calculs ;
3. vérifier uniquement les unités, etc.

Réaliser plusieurs relectures monotâches est plus efficace qu'une relecture globale multitâche.

Remarque Si le temps le permet, d'autres relectures sont possibles : vérifier uniquement le vocabulaire, vérifier les chiffres significatifs, etc.

81 Le jour de l'épreuve expérimentale

Doc imprimable
Capacités expérimentales
hatier-clic.fr/cpc121a

L'épreuve expérimentale évalue les capacités expérimentales listées dans le programme de spécialité et travaillées au cours de l'année de première et/ou de terminale.

Lire le sujet et observer la paillasse

La méthode décrite ici permet de maîtriser le stress.

1. **Lire** attentivement l'**ensemble du sujet**.
2. Repérer **les informations utiles** dans les documents, ainsi que **la durée conseillée** pour traiter chaque partie du sujet.
3. Observer **le matériel disponible** sur la paillasse : il n'est pas forcément nécessaire de tout utiliser, mais aucun matériel supplémentaire ne sera fourni au cours de l'épreuve.

Expérimenter en toute sécurité

Porter un pantalon, des chaussures fermées et prévoir une blouse au cas où le sujet tiré au sort concerne la chimie.

1. Adopter un **comportement responsable** : manipuler debout et garder une paillasse propre et dégagée.
2. Manipuler avec **précaution** le matériel.
3. Respecter les **consignes de sécurité** liées à l'utilisation de produits chimiques, de sources lumineuses ou d'appareils électriques.

Échanger avec l'examinateur

L'examinateur vous évalue, mais il peut aussi vous aider en vous posant des questions auxquelles il est conseillé de répondre spontanément.
Il ne faut pas hésiter à profiter de son aide.

1. **Appeler l'examinateur** pour vérifier les réponses chaque fois qu'un appel obligatoire figure dans le sujet.
2. **En cas de difficulté, solliciter l'examinateur** qui peut :
   – vous questionner pour aider à la résolution d'une tâche ;
   – vous apporter une réponse partielle ou totale vous permettant de poursuivre une tâche.

Obtenir une aide n'est pas toujours pénalisant si vous répondez aux questions spontanément.

Remarque Il est préférable de demander une solution plutôt que de rester bloqué·e et ainsi être évalué·e sur d'autres compétences.

L'épreuve expérimentale est évaluée à l'aide des compétences de la démarche scientifique : APP, ANA/RAI, REA, VAL, COM.

Doc imprimable
Autoévaluation des capacités
hatier-clic.fr/cpc121b

82 Le jour de l'épreuve orale

Présenter un oral

L'épreuve orale se base sur les enseignements de spécialité. Elle débute par la présentation d'une question préparée durant l'année scolaire. L'échange qui suit porte d'une part sur les connaissances liées aux enseignements, d'autre part sur le lien entre la question traitée et le projet d'orientation.

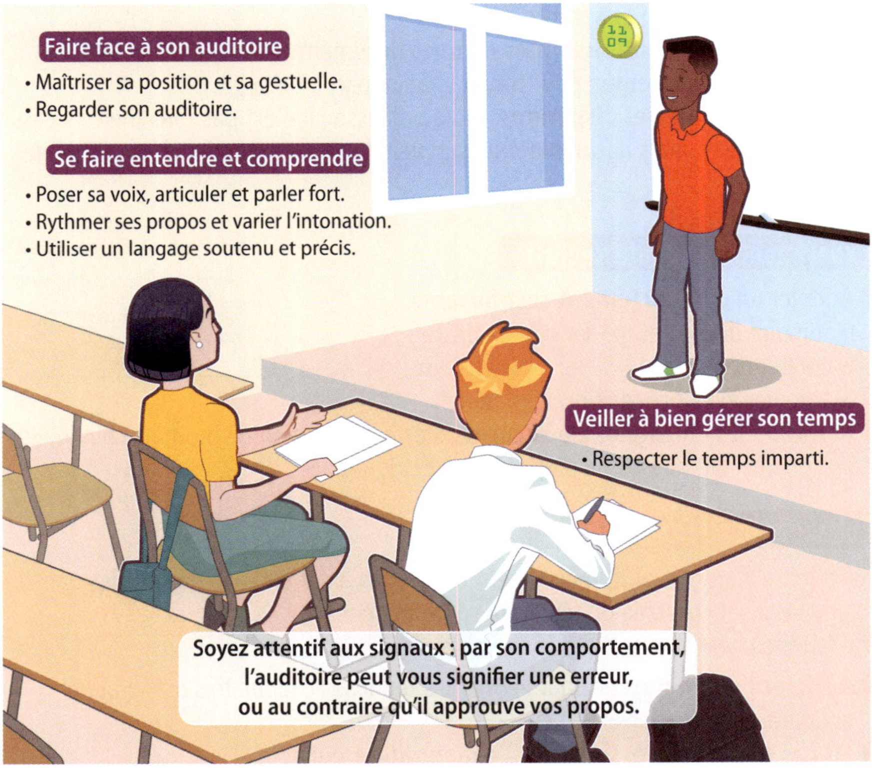

Échanger avec les examinateurs

Les échanges interviennent lors de l'entretien qui fait suite à l'exposé oral.
En plus de se faire entendre et comprendre, il faut aussi :

Savoir écouter

- Laisser parler vos examinateurs sans leur couper la parole.
- Écouter attentivement les questions.

Savoir répondre aux questions

- Veiller à donner une réponse cohérente.
- Argumenter et illustrer la réponse avec un exemple.

Au besoin, demander à vos examinateurs de répéter ou reformuler pour vous assurer d'avoir bien compris.

Mes notes

Formulaire

Quantité de matière

$$n = \frac{N}{6{,}02 \times 10^{23}}$$

- n : mol
- N : sans unité
- $6{,}02 \times 10^{23}$: mol^{-1}

$$n = \frac{m}{M}$$

- n : mol
- m : g
- M : $g \cdot mol^{-1}$

$$n = \frac{V}{V_m}$$

- n : mol
- V : L
- V_m : $L \cdot mol^{-1}$

Concentration en masse

$$C_m = \frac{m}{V}$$

- C_m : $g \cdot L^{-1}$
- m : g
- V : L

$$C_m = C \times M$$

- C_m : $g \cdot L^{-1}$
- C : $mol \cdot L^{-1}$
- M : $g \cdot mol^{-1}$

Concentration en quantité de matière

$$C = \frac{n}{V}$$

- C : $mol \cdot L^{-1}$
- n : mol
- V : L

Masse volumique

$$\rho = \frac{m}{V}$$

- ρ : $g \cdot L^{-1}$ ou $g \cdot mL^{-1}$
- m : g
- V : L ou mL

$$\rho = d \times \rho_{eau}$$

- ρ : $g \cdot L^{-1}$ ou $g \cdot mL^{-1}$
- d : sans unité
- ρ_{eau} : $g \cdot L^{-1}$ ou $g \cdot mL^{-1}$

pH

$$pH = -\log\left(\frac{[H_3O^+]}{c^0}\right)$$

- pH : sans unité
- $[H_3O^+]$: $mol \cdot L^{-1}$
- $c^0 = 1 \, mol \cdot L^{-1}$

Constante d'acidité

$$K_A = \frac{[H_3O^+] \times [A^-]}{[HA]}$$

- K_A : sans unité
- $[H_3O^+]$, $[A^-]$: $mol \cdot L^{-1}$
- $[HA]$: $mol \cdot L^{-1}$

Force de gravitation

$$F_{A/B} = F_{B/A} = G \times \frac{m_A \times m_B}{d^2}$$

- $F_{A/B}$, $F_{B/A}$: N
- m_A, m_B : kg
- d : m

Force électrostatique

$$F_{A/B} = F_{B/A} = k \times \frac{|q_A| \times |q_B|}{d^2}$$

- $F_{A/B}$, $F_{B/A}$: N
- q_A, q_B : C
- d : m

Énergie cinétique

$$E_c = \frac{1}{2} \times m \times v^2$$

- E_c : J
- m : kg
- v : m·s^{-1}

Énergie potentielle de pesanteur

$$E_{pp} = m \times g \times y$$

- E_{pp} : J
- m : kg
- g : N·kg^{-1}
- y : m

Énergie électrique

$$E = P \times \Delta t$$

- E : J ou kW·h
- P : W ou kW
- Δt : s ou h

Longueur d'onde

$$\lambda = v \times T$$

- λ : m
- v : m·s^{-1}
- T : s

$$\lambda = \frac{c}{\nu}$$

- λ : m
- c : m·s^{-1}
- ν : Hz

Énergie d'un photon

$$E = h \times \nu$$

- E : J
- h : J·s
- ν : Hz

Intensité du courant

$$i = \frac{dq}{dt}$$

- i : A
- q : C
- t : s

Charge d'un condensateur

$$q = C \times u$$

- q : C
- C : F
- u : V

Flash cards

Flashcards
Versions imprimable et interactive
hatier-clic.fr/cpc126

Matière

- Comment calcule-t-on la masse molaire moléculaire *M* d'une espèce ?
- Donner l'expression de la quantité de matière *n* en fonction de la masse *m* d'un échantillon d'une espèce ou du volume *V* d'un gaz.

→ Fiche 49

Matière

- Définir les vitesses volumiques d'apparition v_a et de disparition v_d d'une espèce chimique. Tle
- Citer des facteurs cinétiques. Tle

→ Fiche 55

Matière

- Donner l'expression de la concentration en quantité de matière *C* d'un soluté.
- Comment calcule-t-on la concentration en quantité de matière d'un ion ?

→ Fiche 50

Matière

- Quel est le principe d'un dosage par étalonnage ?
- Qu'est-ce qu'un titrage ?
- Définir l'équivalence d'un titrage.

→ Fiches 56 et 57

Matière

- Qu'est-ce qu'un oxydant ? un réducteur ?
- Qu'est-ce qu'un acide ? une base ? Tle
- Donner l'expression de la constante d'acidité K_A d'un acide faible. Tle

→ Fiches 51 et 52

Matière

- Comment détermine-t-on la géométrie d'une entité ?
- À quelle condition une molécule est-elle polaire ?

→ Fiche 58

Matière

- Comment déterminer qu'une transformation est totale ?
- Donner l'expression du quotient Q_r de réaction d'une réaction d'équation $a\,A + b\,B = c\,C + d\,D$. Tle

→ Fiches 53 et 54

Matière

- Nommer les groupes caractéristiques des différentes familles de molécules organiques.
- Quelle information peut-on obtenir en analysant un spectre infrarouge ?

→ Fiches 59 et 61